英単語レボリューション（Book 1）

Classic

学 習 計 画

1	pp.6-15	月 日	7	pp.66-75	月 日
2	pp.16-25	月 日	8	pp.76-85	月 日
3	pp.26-35	月 日	9	pp.86-95	月 日
4	pp.36-45	月 日	10	pp.96-105	月 日
5	pp.46-55	月 日	11	pp.106-115	月 日
6	pp.56-65	月 日	12	pp.116	月 日

1日に見開き2ページのペースなら56日で覚えられます。

南雲堂

英単語レボリューション *Classic*

1. 動詞を身につける
　「動詞を制する者は英語を制する」。英文読解の鍵は動詞。動詞を身につけるなら、一気に英語力を高めることができます。本書は、動詞に正面から体当たりします。

2. 役立つ英単語集
　英単語集は使いにくい。工夫がない。そこで17年前、高校3年生用に単語集を作り、使い始めました。改良を重ね、生徒達と共に育った本書は、学習者本位の実践的英単語集です。

3. 本書の目指すところ
　難関大学入試の語彙で、英語の本や雑誌を読む力をつけるのが目標です。大学生レベル以上の英語の資格・検定試験の基礎力養成はもちろん、留学準備にも大きく貢献する英単語集です。

本書の使うにあたって

1. 例文の動詞には disappointed などの形容詞化した動詞を含みます。

2. 本書で、特に覚えてほしい発音記号は[ɚ]。これは[ə(r)]と同じ。[əː]は[əː(r)]と同じです（英英辞典に多く見られる記号です）。
   <small>発音記号は、主にジーニアス大辞典の表記を使用。ただし、「音節主音的子音」はライトハウス英和辞典の表記（例：journal の -nal は [nl]、sudden の -den は [dn]）。</small>

3. 不規則変化の動詞の活用が下段の欄外にあります（中学で学ぶ give, hold といった動詞の活用は省略した場合もあります）。8番目（複数ある場合は7番目にも）の例文に不規則変化の動詞が入っています。

4. 例文の動詞の一部は受動態になっています。p.7の "was suspended" のように、受動態に be 動詞（または be 動詞の仲間）がある場合、その be 動詞等は太字にしてわかりやすくしてあります。

5. 動詞の後に太字の単語（前置詞／副詞／名詞）があれば2語以上セットの他動詞や2語以上で特定の意味を表すもの、動詞の後にイタリック体の前置詞があれば、通常その前置詞をとることが多いことを示しています。

英単語レボリューション Book 1 〜 4 の特徴

1. **覚えやすい、見やすい**
   薄くて手軽。見やすいカラーデザインを採用。
2. **コロケーションだから、実力がつく**
   同時通訳者がコロケーション（連語）を覚えて育っていくように、本書はコロケーション重視だから覚えやすい。だから実力がつく。
3. **復習方式**
   Classic の動詞は、すべて続編の *Renaissance* に再登場。完全復習方式。本書の例文で動詞を覚え、*Renaissance* では意味ごとに整理して覚えられる。
4. **速習対応**
   Classic と *Modern* の 2 冊で、シリーズの語彙の 99.8%をカバーできる。*Renaissance I・II* と *Modern* の 3 冊なら 100%をカバーできる。速習対応。
5. **こだわりの例文**
   多くの用例は英語圏の新聞、雑誌、書籍からも収録。3 人のネイティブスピーカーがチェック、Google 検索でヒット数の少ないものは排除するこだわり。
6. **ipod で聴ける**
   用例はインターネットでダウンロード（有料）してすぐに ipod 等で聴ける。
7. **レベルと対象**
   本書は難関大学入試完全対応。大学生・社会人の英語力向上や TOEFL®、TOEIC® のための基礎力養成にも役立つ。とくに英語圏留学準備や通訳の学習に威力を発揮する英単語集。

●本書の作成にあたっては、Susan Yozawa、Jim Knudsen 両氏の校閲を心から感謝いたします。●本書を利用した高 3 の生徒たちから貴重な意見をもらいながら進化し現在にいたりました。その生徒たちに感謝します。●南雲堂の青木泰祐氏には、3 年にわたり辛抱強く御指導をいただきました。厚くお礼申し上げます。

英単語レボリューション *Classic* 活用例

○左のページの3語（一部2語）セットの動詞を覚える。何度も声に出し、紙に書いて覚えてほしい。
○訳を見ないで右のページの例文の意味がわかるように覚える。
○不規則変化動詞を覚える。不規則動詞の入った文は一番下に（ときにその上にも）ある。（ただし come, take のような中学で習う基本動詞の不規則変化は書かれていない場合がある。）

　本文最後のページには、trans- ではじまる単語を8語まとめた。この8語は絵で理解し、覚えられる。

　本書に登場する動詞— 1072語（重複語を除く、熟語を含む）
　　　　　　（そのうち ask, leave といった基本動詞を除くと1066語）

英単語レボリューション
Classic

動詞を制する者は英語を制する

学校

①
- **reform** [rifɔ́ɚm/rifɔ́ːm] 改革する
- **revise** [rɪváɪz] 改定する・修正する
- **simplify** [símpləfàɪ] 簡素化する

②
- **continue** [kəntínjuː] 続ける
- **protest** [prətést] 抵抗する・抗議する
- **abolish** [əbálɪʃ] 廃止する

③
- **dye** [dáɪ] 染める
- **obey** [oʊbéɪ/əbéɪ] 従う・(規則を)守る
- **deserve** [dɪzɔ́ːv] 〜に値する

④
- **cheat** [tʃíːt] カンニングをする
- **bully** [búli] いじめる
- **suspend** [səspénd] 停学にする

⑤
- **ask** [ǽsk] 頼む・質問する
- **punish** [pʌ́nɪʃ] 罰する
- **kick** *out (of...)* [kík] 追いだす

⑥
- **assure** [əʃʊ́ɚ] 保証する
- **serve** [sɔ́ːv] 仕える
- **educate** [édʒəkèɪt] 教育する

⑦
- **found** [fáʊnd] 創設・創立する
- **relate** [rɪléɪt] 関連させる
- **attend** [əténd] 出席する

found は規則変化　found - founded - founded

They **reformed** their school. They **revised** and **simplified** their curriculum.	彼らは学校を **改革した**。彼らはカリキュラムを **改定し**、簡素化した。
We have **continued** to **protest** the dress code. It will soon **be abolished**.	我々は制服規定に **抗議し続けた**。それはすぐに **廃止される** だろう。
She **dyed** her hair red. She did not **obey** the school rule. She **deserves** to be punished.	彼女は髪を赤く **染め**、校則に **従わ** なかった。彼女は処罰に **値する**。
He **cheated** on the exam and **bullied** his classmates. He **was suspended** for a week.	彼は試験で **不正行為をし**、級友を **いじめた**。一週間 **停学させられた**。
His parents **asked** them not to **punish** him. But they **kicked** him **out of** school, anyway.	彼の両親は彼を **罰し** ないように彼らに **頼んだ**。しかし、それでもやはり彼らは彼を **退学にした**。
I **assure** you that our commitment to **serve** and **educate** our students is unshakable.	学生に **仕え**、**教育する** という公約は、決して揺るがないものであることを **保証し** ます。
This school, **founded** in 1870, **is related** to* the church. Over 1,300 students **attend** it.	本校は1870年 **創立され**、教会に **関係し**、1300人以上の生徒が **出席している**。

学校

＊ be related to 〜 ＝ 〜と関係がある

学校

❶
- **happen** *to do* [hæpn] — たまたま~する
- **substitute** [sʌ́bstət(j)ùːt] — 代理をさせる
- **qualify** [kwɑ́ləfàɪ] — 資格を与える

❷
- **review** [rɪvjúː] — 復習する
- **grasp** [grǽsp] — 把握する
- **summarize** [sʌ́məràɪz] — 要約する

❸
- **combine** [kəmbáɪn] — 結合する
- **construct** [kənstrʌ́kt] — 組み立てる・建設する
- **memorize** [méməràɪz] — 暗記する

❹
- **compile** [kəmpáɪl] — (資料を)収集・編集する
- **update** [ʌ̀pdéɪt] — 最新のものにする
- **verify** [véərəfàɪ/vérɪ–] — 実証・検証する

❺
- **depress** [dɪprés] — 落胆させる
- **adapt** [ədǽpt] — 適応・順応させる
- **advance** [ədvǽns] — 前進・進歩させる

❻
- **enroll** [enróul] — 入学する
- **major in** [méɪdʒɚ] — ~を専攻する
- **graduate** [grǽdʒuèɪt] — 卒業する

❼
- **define** [dɪfáɪn] — 定義する
- **suppose** [səpóuz] — だと思う・推測する
- **fit** [fít] — 合う・適合する

fit-fitted (fit) - fitted (fit)

I **happened to know** that the man who **substituted** for Mr. Aoba was not a **qualified** teacher.	青葉先生の **代理になった** 人は、**資格を持った** 教員ではなかったことを、私は **たまたま 知った** 。
Review the story. **Grasp** the main points and **summarize** them.	その物語を **復習しなさい** 。要点を **把握し** 、**要約し** なさい。
Combine the two paragraphs and **construct** a new one. Then **memorize** it.	2つの段落を **一つにまとめ** 、新たな段落を **構成し** て、それを **暗唱し** なさい。
This is a newly **compiled** textbook. The data has **been updated** and **verified**.	これは新たに **編纂された** 教科書です。データは **最新のものにされ** 、**検証され** たものです。
He **is depressed**. He cannot **adapt** himself to the **advanced** class.	彼は **落胆し** ている。彼は自分を **進んだ** クラス（上級クラス）に **適応させ** ることができない。
He **enrolled** in college in 2003, **majored in** math, and **graduated** in 2007.	彼は2003年に大学に **入学し** て、数学を **専攻し** 、2007年に **卒業した** 。
Define "learning disability." Do you **suppose** the boy **fits** in that category?	「学習不能」を **定義し** てみなさい。その少年がその（定義の）**分類** に **当てはまる** と、あなたは **思います** か？

学校

会社

① **enable** [enéɪbl] 可能にする
achieve [ətʃíːv] 達成する・成し遂げる
embody [embάdi] 具体的に表現する

② **sense** [séns] 感じる・わかる
equip [ɪkwíp] 装備する
advertise [ǽdvərtàɪz] 宣伝する

③ **dread** [dréd] 恐れる
originate [ərídʒənèɪt] 発案する
wreck [rék] ダメにする・破壊する

④ **propose** [prəpóuz] 提案する
reject [rɪdʒékt] 拒絶する
disappoint [dìsəpóɪnt] がっかりさせる

⑤ **renew** [rɪn(j)úː] 更新する
expire [ɪkspáɪər] 期限が切れる
bind [báɪnd] 縛る・拘束する

⑥ **assign** [əsáɪn] 割当てる・任命する
interview [íntərvjùː] 面接する
select [səlékt] 選び出す

⑦ **enter** [éntər] 入る
convince [kənvíns] 確信・納得させる
foresee [fɔərsíː/fɔː–] 見越す・予見する

foresee - foresaw - foreseen

Your idea **enabled*** us to **achieve** our ambitions. They **are embodied** in this device.	あなたの考えによって私たちは野望（夢）を **果たす** ことが **できた**。我々の夢はこの装置に **具現化されている**。
I **sense** this car will sell well. It's fully **equipped**. Let's **advertise** it.	この車は売れる **気がする**。車は完全 **装備されている**。それを **宣伝し** よう。
We **dreaded** that the plan we had **originated** would **be wrecked**.	我々が **発案した** 計画がめちゃくちゃにされるのを我々は **恐れた**。
We **proposed** a plan, but it **was rejected**. We **were disappointed**.	我々は計画を **提案した** が、**拒絶された**。**がっかりした**。
We'll **renew** our contract because it has **expired**. The new one will **be binding** for two more years.	契約 **期限が切れた** ので、私たちは契約を **更新する**。新たな契約でもう2年間 **拘束される**。
I **was assigned** to **interview** the candidates. I **selected** two of them.	私は候補者と **面接する** よう **任じられ**、そのうち二人を **選んだ**。
When I **entered** the program, I **was convinced** that we were **foreseeing** our future.	私がこの事業に **参入した** とき、我々は未来を **見越して** いるのだと **確信した**。

＊ enable 人 to do ～ ＝ 人が～できるようにする

会社

① apprehend [æprɪhénd]
懸念する・逮捕する

assent [əsént]
（よく考えて）同意する

dissolve [dɪzálv/-sɔ́lv]
溶かす・取り消す

② conceive [kənsíːv]
心に抱く・思いつく

demonstrate [démənstrèɪt]
実演する

interest [íntərəst]
興味・関心を持たせる

③ confuse [kənfjúːz]
混乱させる

manage [mǽnɪdʒ]
上手く扱う

get things straight [gét]
物事をきちんとする

④ boast [bóʊst]
自慢する

invent [ɪnvént]
発明する

admire [ədmáɪə]
敬服・感嘆する

⑤ disapprove [dìsəprúːv]
不賛成である

alter [ɔ́ːltə]
部分的に変える

accept [əksépt]
受け入れる

⑥ attract [ətrǽct]
引きつける・魅了する

create [kriéɪt]
創造・創作する

entice [entáɪs]
誘惑する・気を引く

⑦ decide [dɪsáɪd]
決める

lay off [léɪ]
解雇する

compete [kəmpíːt]
競争する

lay - laid - laid

Apprehending defficulties, he could not **assent** to our plan. We **dissolved** it.	困難を 懸念し 、彼は我々の計画に 同意する ことができなかったが、我々はそれを 解消した 。
He **conceived** a bright idea and **demonstrated** it. It was **interesting**.	彼は名案を 思いつき 、実演した 。それは 興味深かった 。
His proposal **confused** us, but later we **managed**＊ to **get things straight**.	彼の提案は我々を 混乱させた が、後に我々は なんとか上手く 、ことを正し た。
He **boasted** of **inventing** this device. Many people **admired** him.	彼はこの装置を 発明した ことを 自慢した 。多くの人が彼を 讃えた 。
They **disapproved** of his plan. He **altered** it, but still they couldn't **accept** it.	彼らは彼の計画に 不賛成だった 。彼は計画を 変更した が、なお彼らはそれを 受け入れ なかった。
Attract consumers by **creating** an **enticing** ad.	魅惑ある 広告を 創り出す ことによって消費者を 引きつけ よ。
They **decided** to **lay off** their workers in order to **compete** in the global economy.	彼らは国際経済で 競争する ために、労働者を 解雇する ことを 決めた 。

＊ manage to do ＝ なんとか上手く〜する

会社

❶
- **acquire** [əkwáiər] 獲得する
- **specialize** [spéʃəlàiz] 特殊化・専門化する
- **count on** [káunt] 〜に頼る

❷
- **enclose** [enklóuz] 囲む・同封する
- **type** [táip] キーボードで打つ
- **hand** [hænd] 手渡す

❸
- **urge** [ə́ːdʒ] しきりに促す
- **allocate** [æləkèit] 割り当てる
- **launch** [lɑ́ːntʃ] 発進させる・急に始める

❹
- **calculate** [kælkjəlèit] 計算する
- **gather** [gǽðər] 集める・収穫する
- **distribute** [distríbjət/−juːt] 配布する

❺
- **assemble** [əsémbl] 組み立てる
- **manufacture** [mænjəfǽktʃər] （大規模に）製造する
- **ship** [ʃíp] 発送・出荷する

❻
- **concede** [kənsíːd] しぶしぶ認める
- **drain** [dréin] （液体を）排出する
- **exterminate** [ikstə́ːmənèit] 絶滅させる

❼
- **be made up of** [kánstət(j)ùːt] 〜からなる・〜から構成される
- **split** [splít] 割く・分裂させる
- **compromise** [kámprəmàiz] 妥協する

split - split - split

He has **acquired** **specialized** skills for rescue operations. You can **count on** him.	彼は救助活動のための **専門的な** 技術を **獲得した**。彼は **頼る** ことができる。
I'm **enclosing** a **typed** report. Please **hand** it in to Mr. Kim.	**活字にした** 報告書を **同封し** ています。キム氏にそれを **手渡し** て下さい。
They **urged** her to **allocate** money for the project they had **launched**.	**立ち上げた** 事業にお金を **割り当て** てもらえるように、彼らは彼女に **催促した**。
They **calculated** the scores, **gathered** the data and **distributed** the results.	彼らは得点を **計算し**、データを **集め**、結果を **配布した**。
They **assemble** parts and **manufacture** robots, which **are shipped** to China.	彼らは部品を **組み立て**、ロボットを **製造する**。それは中国に **出荷される**。
They **conceded** that they had **drained** toxic water into the lake, **exterminating** the fish.	彼らは有害な水を湖に **排出し**、魚を **絶滅させ** たことを **認めた**。
The committee, **made up of** eight members, **was split**. No one wanted to **compromise**.	8人のメンバーから **構成された** 委員会は **分裂した**。誰も **妥協し** たがらなかった。

会社

会社

❶
- **recruit** [rɪkrúːt] — 勧誘する・新たに入れる
- **promote** [prəmóʊt] — 促進する・昇格させる
- **triple** [trípl] — 3倍にする

❷
- **reserve** [rɪzə́ːv] — 予約する（米）
- **book** [búk] — 予約する（英）
- **purchase** [pə́ːtʃəs] — 購入する

❸
- **depend on** [dɪpénd] — 頼る
- **overestimate** [òʊvəréstəmèɪt] — 多く見積もりすぎる
- **disagree** [dìsəgríː] — 不賛成である

❹
- **disobey** [dìsəbéɪ] — 服従しない
- **dismiss** [dɪsmís] — 解雇する
- **sue** [súː] — 訴える・告訴する

❺
- **lament** [ləmént] — 嘆き悲しむ
- **dwell** [dwél] — 居住する・暮らす
- **retire** [rɪtáɪə] — 退職・引退させる

❻
- **run** [rʌ́n] — 経営する・走る
- **own** [óʊn] — 所有する
- **account for** [əkáʊnt] — 理由を説明する

❼
- **quit** [kwít] — 辞める
- **wonder** [wʌ́ndə] — 不思議・疑問に思う
- **undertake** [ʌ̀ndətéɪk] — 引き受ける

quit - quit - quit   undertake - undertook - undertaken

We **recruited** five new workers to **promote** sales. As a result our sales **were tripled**.	我々は売り上げを **促進する** ために5人の新しい従業員を **採用した** 。その結果売り上げは **3倍になった** 。
Americans **reserve** a room in a hotel. British people **book** one. Japanese **purchase** one.	アメリカ人はホテルの部屋を **予約し** 、イギリス人はそれを **予約し** 、日本人はそれを **購入する** 。
The calculations he **depended on** were **overestimated**. I **disagreed** with his conclusion.	彼が **頼りにした** 見積りは **過大評価された** ものだった。私は彼の結論に **不賛成だった** 。
She **disobeyed** her boss, and **was dismissed**. She **sued** the company.	彼女は上司に **服従せず** 、**解雇された** 。彼女は会社を **訴えた** 。
The poet **lamented** the city's conditions. He **dwelled** on the dangers of city life until he **retired**.	その詩人は、その都市の状況を **嘆き悲しんだ** 。彼は **引退する** まで都会生活の危険の上に **暮らした** 。
Mr. Rich **runs** many restaurants. His wife **owns** a hotel. This **accounts for** their luxurious life.	リッチ氏は多くのレストランを **経営し** 、妻はホテルを **所有** 。このことが彼らの贅沢な生活を **説明している** 。
She **quit** her position. I **wonder** who is going to **undertake** the job in her place.	彼女は自分の地位を **退いた** 。誰が彼女に代ってその仕事を **引き受ける** の **だろうかと思う** 。

会社

生活

#			
❶	**litter** [lítɚ] (床や道に)散らかす	**neglect** [nɪglékt] 軽視する・怠る	**clean** [klíːn] 掃除する
❷	**be obsessed with** [əbsést] 〜に取りつかれる	**desire** [dɪzáɪɚ] 強く望む	**refuse** [rɪfjúːz] 拒絶する・寄せつけない
❸	**resemble** [rɪzémbl] 似ている	**greet** [gríːt] 挨拶する	**remind** [rɪmáɪnd] 思い起こさせる
❹	**submit** [səbmít] 提出する	**make sure** [méɪk] 確かめる	**attach** [ətætʃ] 〜に添付する
❺	**fill** [fíl] 必要事項を埋める	**detach** [dɪtætʃ] 引き離す・分離する	**send** [sénd] 送る
❻	**lie** [láɪ] 横たわる・横になる	**rest** [rést] 休息を得る	**relax** [rɪlæks] 緊張をほぐす
❼	**sob** [sáb] すすり泣く	**admit** [ədmít] 認める	**steal** [stíːl] 盗む

lie - lay - lain   steal - stole - stolen

After **littering** the garden with empty cans, they **neglected** to **clean** it up.	庭園を空缶で **散らかした** あと、彼らは公園を **掃除する** ことを **怠った** 。
She **is obsessed with** weight loss. She **desires** to be thin. She **refuses** food.	彼女は体重を減らすことに **取りつかれている** 。痩せることを **強く望み** 、食物を **拒絶する** 。
You **resemble** my sister. The way you **greet** me especially **reminds** * me of her.	きみは私の妹に **似ている** 。 **挨拶をする** 身のこなしは特に妹を **思いおこさせる** 。
Please **submit** your application, **making sure** you **attach** your photo.	写真が **添付されている** ことを **確かめて** 、申込書を **提出し** て下さい。
After you **fill** it in, **detach** the coupon and **send** it in.	それに（必要事項を書いて）**埋め** たら、クーポンを **切り離し** て、それを **送付し** て下さい。
You can **lie** here. **Rest** yourself. You need to **relax**.	ここで **横になって** いいですよ。**休息を取って** 。**緊張をほぐす** 必要がありますよ。
She started **sobbing**. She **admitted** that she had **stolen** the wallet.	彼女は **すすり泣きをし** 始めた。彼女は財布を **盗んだ** ことを **認めた** 。

* remind 人 of 〜 = 人に〜を思い起こさせる

生活

生活

❶
- **express** [ɪksprés] 表現する
- **abstain from** [əbstéɪn] 〜を控える・慎む
- **devour** [dɪváuər] がつがつ食べる

❷
- **blow** [blóu] 吹く
- **scold** [skóuld] 叱る
- **glare** [gléər] にらむ

❸
- **sneak** [sníːk] こっそり入る・出る
- **grin** [gríːn] 歯を見せて笑う
- **hasten** *to* [héɪsn] 〜に急いで行く

❹
- **trip** [tríp] つまずく
- **fall over** [fɔ́ːl] ころぶ
- **bump** [bámp] ぶつける

❺
- **design** [dɪzáɪn] 設計・デザインする
- **appeal** [əpíːl] （心や審判に）訴える
- **detest** [dɪtést] ひどく嫌う

❻
- **glance at** [glǽns] 〜をちらっと見る
- **cling to** [klíŋ] 〜にすがりつく
- **appear** [əpíər] 〜のように見える・現れる

❼
- **slam** [slǽm] バタンと閉める
- **stride** [stráɪd] 大股で歩く
- **shake** [ʃéɪk] 揺さぶる・振り動かす

cling - clung - clung   stride - strode - stridden

Let me **express** my concern about your child. I think he should **abstain from devouring** food.	お子さんに関して気がかりなことを **述べ** させて下さい。彼は **がつがつ食べる** ことを **慎む** べきだと思います。
The boy **blew** his horn at daybreak. When his mother **scolded** him, he **glared** back at her.	少年は夜明けに角笛(つのぶえ)を **吹いた** 。母親が **叱った** とき、少年は母親を **にらみ** かえした。
The boy **sneaked** out of the house. He **grinned**. He then **hastened to** the park.	少年は家を **こっそりと抜け出した** 。彼は **にやりと笑った** 。そして彼は公園へと **急いだ** 。
He **tripped**, **fell over**, and **bumped** his head.	彼は **つまずき、転んで、** 頭を **ぶつけた** 。
This dress **is designed** to **appeal** to young people. But my parents **detest** it.	このドレスは若者が **気に入る** ように **デザインされている** 。けれど私の両親はそれが **大嫌いだ** 。
When I **glanced at** him, the boy was **clinging to** his dad's arm. He **appeared** to be sad.	私が少年を **ちらりと見た** とき、少年は父の腕に **しがみついて** いた。彼は悲し **そうだった** 。
He **slammed** the door hard as he **strode** out of the room. It **shook** the house.	彼は部屋を **大股で歩いて** 出ていくときに、ドアを強く **バタンと閉めた** 。それで家が **揺れ動いた** 。

shake - shook - shaken

生活

生活

① thrill [θríl] ぞくぞくさせる | **excite** [ɪksáɪt/ek-] 興奮させる | **erect** [ɪrékt] 建てる・立てる

② disturb [dɪstə́ːb] 困らせる・邪魔をする | **concentrate** [kánsəntrèɪt] 集中する | **repair** [rɪpéə] 修理する

③ stretch [strétʃ] 背伸びをする | **yawn** [jɔ́ːn] あくびをする | **doze off** [dóʊz] 居眠りをする

④ respect [rɪspékt] 尊敬する | **regard** [rɪgáəd/-gáːd] 〜とみなす | **interfere** *with* [ìntəfíə] 〜に干渉する・〜を妨害する

⑤ intend [ɪnténd] 意図する | **bother** [báðə] 悩ます・邪魔する | **reproach** [rɪpróʊtʃ] とがめる

⑥ grab [grǽb] つかむ | **bend** [bénd] 曲げる・曲る | **snap** [snǽp] ポキッと折れる

⑦ lend [lénd] 貸す | **owe** [óʊ] 〜に借金がある | **repay** [rɪpéɪ] 返金・恩返しをする

bend - bent - bent　　lend - lent - lent　　repay - repaid - repaid

I'm **thrilled** and **excited**. A new monument will **be erected** tomorrow.	私は **そくぞくし**、**わくわくする**。新しい記念碑が明日 **建てられる** のだ。
Don't **disturb** me. I can't **concentrate**. I'm **repairing** this radio now.	私を **邪魔し** ないで。**集中する** ことができないよ。今このラジオを **修理し** てるんだ。
I **stretched**, **yawned**, and **dozed off**.	私は **背伸びをし**、**あくびをし**、**居眠りした**。
I **respect** his decision. I will **regard** him as an adult and not **interfere** with his privacy.	私は彼の決定を **尊重します**。私は彼を大人と **みなし** て、彼のプライバシーには **干渉し** ません。
I didn't **intend**＊ to **bother** you. Please don't **reproach** me for that.	私はあなたを **邪魔する つもりで** はなかった。そのことで私を **とがめる** ことはしないで。
When I **grabbed** the twig, it **bent** and **snapped**.	私が小枝を **つかむ** と、それは **曲って**、**ポキッと折れた**。
I **lent** you one million yen. You still **owe** me 400 thousand. You have to **repay** it.	私はあなたに百万円 **貸した**。なおあなたは40万円私に **借金がある**。あなたはそれを **返金し** なければならない。

＊ intend to do ＝ ～するつもりである

① **add** [ǽd] 加える / **subtract** [səbtrǽkt] 引く

② **segregate** [ségrəgèit] 分離・隔離する / **integrate** [íntigrèit] 統合する

③ **dismiss** [dismís] 解雇する / **employ** [implɔ́i/em–] 雇用する

④ **fire** [fáiɚ] クビにする / **hire** [háiɚ] 雇う

⑤ **exclude** [iksklúːd/eks–] 除外する / **include** [inklúːd] 含む

⑥ **join** [dʒɔ́in] 参加する / **leave** [líːv] 退く

⑦ **deposit** [dipázət/–it] 預金する / **withdraw** [wiðdrɔ́ː] 引き出す

ペア

英単語を覚える

英単語を覚えるときの基本は音声・意味・つづりです。なるべく耳と目と手を同時に使って覚えます。

発音し意味を言いながら書くことで、耳と目と手を使い、脳が活発に働きます。ジェスチャーで体も使えば効果が増します。

さらに場面を想像して覚える、用例で使い方を覚える、日を改めて何度も覚えることも大切です。

また、他の単語との関連を覚えると、脳に単語のネットワークができてきます。意味の違いを理解し、派生語や反意語の知識を増やします。

leave - left - left   withdraw - withdrew - withdrawn

Add 100 and then **subtract** 20.	100を 加え てから、20を 引き なさい。
In schools, whites and blacks **were segregated**, but now they **are integrated**.	学校で、白人と黒人は 分離されていた が、今は 統合されている 。
They **dismissed** Ned and **employed** Jack.	彼らはネッドを 解雇し 、ジャックを 雇った 。
They **fired** Ned and **hired** Jack.	彼らはネッドを クビにし 、ジャックを 雇った 。
They **excluded** Tom from the team. Instead, they **included** Jim on it.	彼らはトムをチームから 除外し 、かわりにチームにジムを 加えた 。
Four people **joined** our club, but five **left**.	4人がクラブに 入った が、5人が 去った 。
I **deposited** one million yen in my account but my sister **withdrew** it all.	100万円を自分の口座に 預金した が、妹が全部 引き出した 。

ペア

生活

① survive [səvάɪv] 生き延びる | **trust** [trΛ́st] 信頼する | **guide** [gάɪd] 導く

② prefer [prɪfə́ːr] 好んで選ぶ | **skip** [skíp] 抜かす・(授業を)サボる | **complete** [kəmplíːt] 完成する・仕上げる

③ glimpse [glímps] パッと見る | **furnish** [fə́ːrnɪʃ] (家具を)備えつける | **illuminate** [ɪlúːmənèɪt] 照明で照らす

④ contemplate [kάntəmplèɪt] 熟考・瞑想する | **reply** [rɪplάɪ] 返事をする | **dismay** [dɪsméɪ] うろたえさせる

⑤ afford [əfɔ́ːrd/-ɔ́ːd] (買う)余裕がある | **earn** [ə́ːn] 稼ぐ・生計を立てる | **polish** [pάlɪʃ] 磨く

⑥ light [lάɪt] 火をつける | **puff** [pΛ́f] (タバコを)プカプカふかす | **ponder** [pάndər] 熟考する

⑦ strike [strάɪk] 襲う | **isolate** [άɪsəlèɪt] 孤立させる・隔離する | **worry** [wə́ːri] 心配する

light - lighted (lit) - lighted (lit)   strike - struck - struck

I **survived** the fire by **trusting** my instincts. They **guided** me.	自分の本能を **頼り** にして、私は火事を **生きのびた**。本能が私を **導いた**。
I **prefer skipping** this process; it needn't **be completed**.	この過程を **省く** のが私には **好ましい**。その過程を **完了させる** 必要はない。
I **glimpsed** around the room. It was **furnished** and **illuminated** beautifully.	私は部屋全体を **ちらっとのぞいた**。部屋は美しく **家具が備えられ**、**明かりに照らされていた**。
She **contemplated** the matter for a minute before **replying**. She **looked dismayed**.	彼女は **返事をする** 前にそのことをしばし **考えた**。彼女は **狼狽した** ように見えた。
How can he **afford** such a car? He barely* **earns** a living **polishing** shoes.	どうやって彼がそんな車を **買える** のか。彼は靴を **磨く** ことでやっと **生計を立て** ているのに。
He **lit** a cigarette and **puffed** on it. He started **pondering**.	彼はたばこに **火をつけ** て、そのたばこを **ぷかぷかとふかし**、**熟考し** 始めた。
After the earthquake **struck**, the town **was isolated**. We **worried** about the people there.	地震が **襲った** 後、町は **孤立した**。我々はそこの人たちのことを **心配していた**。

* barely「やっと、何とか」を意味する副詞

生活

❶
- **pitch** [pítʃ] （テントを）張る
- **kindle** [kíndl] （火を）つける
- **extinguish** [ɪkstíŋgwɪʃ] （光・火）を消す

❷
- **regret** [rɪgrét] 後悔する
- **quarrel** [kwɔ́ːrəl] 口喧嘩する
- **ignore** [ɪgnɔ́ːr] 無視する

❸
- **refresh** [rɪfréʃ] 気分をさわやかにする
- **enjoy** [endʒɔ́ɪ/ɪn–] ～を楽しむ
- **acquaint** [əkwéɪnt] 知り合いにさせる

❹
- **preoccupy** [priɑ́kjəpàɪ] 心を奪う・夢中にさせる
- **linger** [líŋgər] いつまでも残る
- **divert** [dəvə́ːrt/daɪ–] 方向転換する・そらす

❺
- **remember** [rɪmémbər] 憶えている・思い出す
- **recollect** [rèkəlékt] 努力して思い出す
- **scorn** [skɔ́ːrn/–ɔ́ːn] 軽蔑する・さげすむ

❻
- **hang** [hǽŋ] 吊るす・（受話器を）置く
- **punch** [pʌ́ntʃ] げんこつで殴る
- **burst** [bə́ːst] （限界にきて）わっと出る

❼
- **stick to** [stík] ～にくっつく・固執する
- **overlook** [òuvərlúk] 見過ごす
- **provoke** [prəvóuk] 挑発する・～を引き起こす

hang - hung - hung （「首つりにする」は hang - hanged - hanged）

They **pitched** a tent, and **kindled** a fire. Before going to bed, they **extinguished** it.	彼らはテントを **張り**、火を **おこした**。寝る前に火を **消した**。
I **regret quarreling** with him. He's been **ignoring** me since then.	私は、彼と **口喧嘩し** たことを **後悔している**。そのときから彼は私を **無視し** ている。
I **was refreshed** by the party. I **enjoyed** getting **acquainted** with many new people.	パーティーで **気分が一新された**。たくさんの新しい人たちと **知り合いになり** 楽しかった。
She **was preoccupied** with the **lingering** questions of why they **diverted** the plane.	彼女は、なぜ飛行機を **方向転換した** かという、**いつまでも残る**（なかなか消えない）疑問に **心を奪われた**。
I **remember** talking to you but I don't **recollect scorning** your idea.	私は君と話したことは **憶えている** が、君の考えを **さげすんだ** ことは **思い出せ** ない。
I **hung** up the phone, feeling like I'd **been punched** in the stomach. I **burst** into tears.	私は受話器を **置いた**。腹を **殴られた** 気分だった。涙が **わっと出た**。
He **stuck to** his idea and **overlooked** mine. That **provoked** my anger.	彼は自分の考えに **固執し**、私の考えを **見過ごした**。そのことは私の怒りを **引き起こした**。

生活

burst - burst (bursted) - burst (bursted)　　stick - stuck - stuck

生活

❶
- **incline** [ɪnkláɪn] 〜したい気持ちにさせる
- **depart** [dɪpáɚt/-áːt] 出発する・去る
- **entertain** [èntɚtéɪn] 楽しませる

❷
- **assert** [əsə́ːt] 断言する
- **associate** *with* [əsóʊʃìeɪt] 〜と交際する
- **add** [ǽd] 加える・付け加える

❸
- **arrange** [əréɪndʒ] 整える・取り決める
- **practice** [prǽktɪs] 習慣的に行う
- **ensure** [enʃúɚ/-ɪn-] 確実にする

❹
- **lean** [líːn] 寄りかかる・傾く
- **whisper** [hwíspɚ] ささやく
- **nod** [nɑ́d] うなづく

❺
- **radiate** [réɪdièɪt] (光・喜びを)まき散らす
- **captivate** [kǽptəvèɪt] うっとりさせる
- **accelerate** [əksélərèɪt-n] 加速する

❻
- **forgive** [fɚgív] 赦す
- **reconcile** [rékənsàɪl] 仲直りさせる
- **embrace** [embréɪs] 抱く

❼
- **misunderstand** [mìsʌndɚstǽnd] 誤解する
- **refer to** [rɪfɚ́ː] 〜に言及する・〜を引き合いに出す
- **mock** [mɑ́k] 嘲る・ばかにする

forgive - forgave - forgiven　　misunderstand - misunderstood

He **was inclined*** to **depart** because the show was not **entertaining** him.	彼は **立ち去り** たがって いた 。というのも、そのショーは彼を **楽しま せ** ていなかったからだ。
She **asserted** that she had never **associated** with him. "I never even knew him," she **added**.	彼と **交際した** ことは一度もないと彼女は **主張し** 、「そんな男、知りもしなかったわ」と **付け加えた** 。
Arranged marriages were once **practiced** commonly in Japan to **ensure** a successful match.	良縁を **確実にする** ため、かつて日本ではお見合い(**取り決められた** 結婚)が一般に **行われていた** 。
She **leaned** over and **whispered** something in his ear. He **nodded**.	彼女は **体を傾け** 彼の耳元で何か **ささやいた** 。彼は **うなずいた** 。
Each smile he **radiates** **captivates** me and **accelerates** my breathing.	彼の **まき散らす** 笑みの一つ一つが私を **魅了(みりょう)し** 、私の呼吸を **加速する** 。
I **forgave** him and we **were reconciled**. We **embraced** each other tightly.	私は彼を **許し** 、我々は **仲直り** した。我々はしっかりと **抱き** あった。
You **misunderstand**. I'm not **referring to** you when I say someone is **mocking** me.	君は **誤解している** 。誰かが私を **ばかにしている** と私が言うのは、君のことを **引き合いに出し** ているのではない。

- misunderstood　＊ be inclined to do ＝ 〜したがる

乗り物

①

| dive [dáɪv] 急降下する | startle [stáɚtl/stáː-] びっくりさせる | recover [rɪkʌ́vɚ] 回復・奪回する |

②

| shift [ʃíft] 一方から他方へ移す・変える | navigate [nǽvəgèɪt] 誘導する | switch [swítʃ] 切り替える |

③

| issue [íʃuː] 発行・出版する | cover [kʌ́vɚ] 覆う・取材する | collide [kəláɪd] 衝突する |

④

| delay [dɪléɪ] 遅らせる | consent [kənsént] 同意する | postpone [poustpóun] 延期する |

⑤

| sympathize *with* [símpəθàɪz] 〜に同情する | commute [kəmjúːt] 通勤する | exhaust [ɪgzɔ́ːst/egz-] くたくたに疲れさせる |

⑥

| sink [síŋk] 沈む | order [ɔ́ɚdɚ/ɔ́ː-] 命令する | abandon [əbǽndən] (去ることによって)捨てる |

⑦

| exceed [ɪksíːd] 越える | scream [skríːm] 金切り声を出す | spin [spín] 回転する・紡ぐ |

sink - sank - sunk   spin - spun - spun

The plane **dived**. The pilot was **startled** but able to **recover**.	飛行機は **急降下した**。パイロットは **はっとした** が、**回復する** ことができた。
The winds **shifted**. The controllers **navigating** the plane **switched** runways.	風向きが **変った**。その飛行機を **誘導する** 管制官は滑走路を **切り替えた**。
They **issued** extra editions to **cover** the news that two planes had **collided** in midair.	彼らは2機の飛行機が空中で **衝突した** というニュースを **取り扱った（取材した）** 号外を **発行した**。
Because the plane **was delayed**, they **consented** to **postpone** the meeting.	飛行機が **遅れた** ので、彼らは会合を **延期する** ことに **同意した**。
I **sympathize with** those who **commute** in crowded trains. They must **be exhausted**.	私は混雑した電車で **通勤する** 人たちを **気の毒に思います**。彼らは **疲れ果てている** にちがいありません。
The ship was **sinking**. The captain **ordered** his crew to **abandon** the ship.	船は **沈もうとして** いた。船長は乗組員に船を **捨てる** よう **命じた**。
Our car was **exceeding** the speed limit. We **screamed** as it started to **spin**.	我々の車は制限速度を **越えていた**。車が **回転し** 始めたとき、我々は **叫んだ**。

乗り物

法律

①
- **acknowledge** [æknálɪdʒ/ək-] しぶしぶ認める
- **attempt** [ətémpt] 試みる・企てる
- **deprive** [dɪpráɪv] 奪う

②
- **charge** [tʃáədʒ/tʃáːdʒ] 告発する・負担させる
- **bribe** [bráɪb] 賄賂を贈る
- **release** [rɪlíːs] 解き放つ

③
- **overrule** [òuvərúːl] 却下する・くつがえす
- **proceed** [prəsíːd] 続ける
- **testify** [téstəfàɪ] 証言する

④
- **point out** [póɪnt] 指摘する
- **observe** [əbzə́ːv] 観測する・注目する
- **locate** [lóukèɪt/lòukéɪt] ~に置く・位置する

⑤
- **try** [tráɪ] 裁判する
- **sentence** [séntəns] 判決を言い渡す
- **execute** [éksəkjùːt] 処刑する

⑥
- **protest** [prətést] 主張・抗議する
- **proclaim** [proukléɪm] 宣言する・布告する
- **fake** [féɪk] でっちあげる

⑦
- **seek** [síːk] 捜し求める
- **argue** [áəgjuː/áː-] 主張する
- **ill-treat** [íl tríːt] 冷遇する

seek - sought - sought

He **acknowledged** that he had **attempted** to **deprive**＊ her of her rights.	彼は彼女から彼女の権利を 奪う ことを 企てた のを しぶしぶ認めた。
He **was charged** with **bribing** a judge but soon he **was released**.	彼は裁判官に 賄賂を贈った かどで 告発された がすぐ 解放された。
The judge **overruled** the objection. So the witness **proceeded** to **testify**.	裁判官は異議を 却下した。そこで証人は 証言する ことを 続けた。
Could you **point out** the glove you **observed**? Where was it **located**?	あなたが 目にした 手袋を 指摘して 下さいますか。それはどこに 置かれ ていましたか？
The suspect **was tried** and **sentenced** to death. He will **be executed** soon.	容疑者は 審理され、死刑 判決を受けた。彼はじきに 処刑される。
Though he **protested** his innocence, they **proclaimed** his guilt. His alibi had **been faked**.	彼は無実を 主張した が彼らは有罪だと 宣言した。彼のアリバイが ねつ造されていた からだ。
Women **seek** fairness under the law. They **argue** that they **are ill-treated**.	女性達は法の下での公正を 求めている。自分たちは 冷遇されている と 主張している。

法律

＊ deprive 人 of 〜 = 人から〜を奪う

35

法律

❶
- **describe** [dɪskráɪb] 描写する
- **justify** [dʒʎstəfàɪ] ～を正当化する
- **sue** [súː] 告訴する

❷
- **repeal** [rɪpíːl] 廃止・撤回する
- **veto** [víːtou] (議案を) 拒否する
- **remain** [rɪméɪn] ～のままである・とどまる

❸
- **draft** [drǽft] 起草する
- **approve** [əprúːv] 承認する
- **take effect** [téɪk] 発効する

❹
- **smoke** [smóuk] 喫煙する
- **ban** [bǽn] 禁止する
- **refrain from** [rɪfréɪn] ～を控える

❺
- **treat** [tríːt] 扱う
- **inflict** [ɪnflíkt] 負わせる・押しつける
- **resort to** [rɪzɔ́ːrt/-zɔ́ːt] (手段に) 訴える

❻
- **estimate** [éstəmèɪt] 見積もる・推定する
- **affect** [əfékt] 影響する
- **enforce** [enfɔ́ːrs/ɪnfɔ́ːs] 施行する・強要する

❼
- **lie** [láɪ] 嘘をつく
- **deceive** [dɪsíːv] だます
- **distort** [dɪstɔ́ːrt/-stɔ́ːt] ゆがめる

lie（規則変化）- lied - lied

The magazine **described** her dark past. Wanting to **justify** her actions, she **sued** them.	その雑誌が彼女の暗い過去を **描写した** 。自分の行動を **正当化し** たいと思い、彼女は彼らを **告発した** 。
They **repealed** the law, but the mayor **vetoed** the repeal, so it **remained** in force.	彼らはその法を **無効にした** が、市長がその廃止を **拒否した** ので、法はまだ有効の **ままだった** 。
The treaty he had **drafted was approved.** It will **take effect** on April 1.	彼が **起草した** 条約は **承認された** 。条約は4月1日に **発効する** 。
Smoking is banned in this office. So you have to **refrain from** smoking here.	このオフィスでは 喫煙することが **禁止されている** 。だからここではあなたは煙草を **控え** なければならない。
They **treated** him unfairly. They **inflicted** pain on him. He decided to **resort to** the law.	彼らは彼を不当に **扱った** 。彼の上に苦痛を **与えた** 。彼は法に **訴える** ことを決めた。
1,000 people **are estimated** to have **been affected** by the law the government has **enforced**.	政府が **施行した** 法により、千人の人々が **影響を受ける** と **推定される** 。
The tobacco companies **lied** to us. They **deceived** us by **distorting** the facts.	そのたばこ会社は我々に **嘘をついた** 。彼らは事実を **曲げ** て我々を **だました** 。

法律

法律

❶	**adopt** [ədápt] 採用する	**require** [rikwáiɚ] 要求する・義務づける	**fine** [fáin] 罰金を科す
❷	**negotiate** [nigóuʃièit] 交渉する	**consult** [kənsʌ́lt] 相談する	**offer** [ɑ́:fɚ/ɔ́f-] 提供する
❸	**control** [kəntróul] 支配する	**defy** [difái] 平然と無視する	**stir** [stə́ː] かきまわす・かき立てる
❹	**overturn** [òuvɚtə́ːn] 転覆させる・覆す	**restrict** [ristríkt] 制限する	**apply** [əplái] 当てはめる・適用する
❺	**consider** [kənsídɚ] 熟考・検討する	**regulate** [régjəlèit] 法律で規制する	**drive** [dráiv] 運転する・追い払う
❻	**guess** [gés] 推測する・〜だと思う	**surround** [səráund] 回りを囲む・包囲する	**insure** [inʃúɚ] 保険をかける
❼	**copy** [kápi] 複写する・コピーする	**forbid** [fɚbíd/fɔɚ-] 禁ずる	**infringe on** [infríndʒ] (権利を)侵害する

forbid - forbade (forbad) - forbidden

They **adopted** a regulation **requiring** that latecomers **be fined**.	彼らは遅刻者が **罰金を科せられる** ことを **義務づけた** 規則を **採用した**。
After **negotiating** with them, I **consulted** with my lawyer about the contract they **offered**.	彼らと **交渉した** 後、彼らが **提供した** 契約書に関して私は弁護士に **相談した**。
The Mafia **controls** their town. The members **defy** the law and **stir** up trouble.	マフィアが町を **支配している**。マフィアのメンバーは法を **無視し**、騒動を **起こす**。
The court **overturned** the law because freedom of the press **was restricted** when the law **was applied**.	裁判所はその法律を **覆した**。というのは、その法律が **適用された** とき、出版の自由が **制限された** からだ。
They are **considering regulating** the use of cellphones while **driving**.	彼らは **運転している** 間の携帯電話の使用を **規制する** ことを考えている。
I **guess** I'm **surrounded** by a lot of danger here. I'm glad I'm **insured**!	私はここで多くの危険に **囲まれている** ように思う。**保険に入って** いてよかった。
Copying this document **is forbidden**. That is **infringing on** our copyright.	この書類を **複製する** ことは **禁じられ** ています。それは我々の著作権を **侵害する** ことになります。

法律

政治

① represent [rèprɪzént] 代表する・象徴する
consist of [kənsíst] 〜から成り立つ
include [ɪnklúːd] 含む

② exile [éɡzaɪl/éksaɪl] 追放する
imprison [ɪmprízn] 投獄する・閉じ込める
agonize [ǽɡənàɪz] ひどく苦しむ

③ implore [ɪmplɔ́ɚ/-plɔ́ː] 嘆願する
free [fríː] 自由にする・解放する
overflow [òʊvɚflóʊ] 溢れる

④ apologize [əpɑ́lədʒàɪz] 謝る
compensate [kɑ́mpənsèɪt] 埋め合わせる・償う
plot [plɑ́t] 陰謀を企てる・構想を練る

⑤ state [stéɪt] 述べる・言明する
pardon [pɑ́ːdn/pɑ́ː-] 赦免する・赦す
limit [límɪt] 制限する

⑥ propagate [prɑ́pəɡèɪt] 宣伝する・普及させる
agitate [ǽdʒətèɪt] 扇動する
reign [réɪn] 支配する・君臨する

⑦ mislead [mɪslíːd] 惑わせる・誤り導く
exert [ɪɡzɚ́ːt] 持続的に行使する
rely on [rɪláɪ] 〜に頼る

mislead - misled - misled

The team **representing** our town **consists of** * 30 people. Two college students **are included**.	町を **代表する** チームは 30人 **からなり**、2人の 大学生が **含まれている**。
My wife **was exiled** from our country. I **was imprisoned**. Those were **agonizing** days.	妻は国から **追放され**、私は **投獄された**。あれは **苦しい** 日々だった。
She **implored** the king to grant her mercy and **was freed**. She **overflowed** with joy.	彼女は国王が赦免をかなえてくれるように **嘆願し**、**自由にされた**。彼女は喜びに **溢れていた**。
They must **apologize** and **compensate** us for **plotting** against us.	彼らは我々に **陰謀を企てた** ことに対して **謝罪し**、**償いをし** なければならない。
They **stated** that he would **be pardoned** soon but his activities would **be limited**.	彼はじきに **赦免される** が、彼の活動は **制限される** と彼らは **述べた**。
He **propagated** his doctrine and **agitated** the public. He wanted to **reign**.	彼は自己の政策上の主義を **広め**、大衆を **扇動した**。彼は **君臨し** たかったのだ。
He is **misleading** his people. He **exerts** a strong influence on them. They shouldn't **rely on** him.	彼は自分の国民を **惑わしている**。彼は国民に強い影響力を **発揮する**。国民は彼に **頼る** べきではない。

政治

* consist of ～ = be constituted of ～ (p.15)

政治

❶	**quest** [kwést] 探し求める	**intensify** [ɪnténsəfàɪ] 増大する	**lobby** [lάbi] (議員に)陳情する
❷	**dispute** [dɪspjúːt] 論争する・議論する	**integrate** [íntɪgrèɪt] 統合する	**unify** [júːnəfàɪ] 統一する
❸	**run for** [rʌ́n] 〜に立候補する	**pledge** [pléd ʒ] 堅く約束する	**elect** [ɪlékt] 選挙で選ぶ
❹	**establish** [ɪstǽblɪʃ/e-] 制定・設定する	**deepen** [díːpn] 深める	**develop** [dɪvéləp/də-] 発展・発達させる
❺	**rebel** [rɪbél] 反抗する	**advocate** [ǽdvəkèɪt] 主義を主張する	**persecute** [pə́ːsɪkjùːt] 迫害する
❻	**accuse** [əkjúːz] 訴える・告発する	**abuse** [əbjúːz] 乱用する・虐待する	**resign** [rɪzáɪn] 辞職する
❼	**threaten** [θrétn] 脅す	**intimidate** [ɪntímədèɪt] おびえさせる	**frighten** [fráɪtn] ぞっとさせる

The governor **quested** for power. He **intensified** his **lobbying** at Nagatacho.	知事は権力を **追い求め**、永田町で **陳情する** ことを **増やした**。
They used to **dispute** each other, but **are** now **integrated** and **unified** as one party.	彼ら（両党）は、かつて互いに **論争し** たが、今は一つの政党として **統合され**、**統一されている**。
Barak Obama **ran for** President, **pledged** to get the U.S. out of Iraq, and got **elected**.	バラク・オバマは大統領選に **出馬し**、アメリカがイラクから撤退することを **約束し**、**選出された**。
We **established** a new relationship with China. We'd like to **deepen** and **develop** it.	我々は中国と新たな関係を **樹立した**。我々はそれを **深め**、**進展させ** たい。
He **rebelled** against them. He **advocated** Communism. So he **was persecuted**.	彼は彼らに **反抗し**、共産主義を **主張した**。だから彼は **迫害された**。
The Minister, **accused** of * **abusing** his authority, **resigned**.	その大臣は職権を **乱用した** ことを **告発され**、**辞職した**。
The dictator **threatened** my sister, **intimidated** my brother and **frightened** me.	その独裁者は私の妹を **脅し**、弟を **脅迫し**、私を **脅えさせた**。

政治

＊ be accused of ～ ＝ ～のかどで告発される、非難される

ペア

① **convict** [kənvíkt] 有罪と決定する / **acquit** [əkwít] 無罪にする

② **demand** [dɪmǽnd] 要求する / **supply** [səpláɪ] 供給する

③ **attack** [ətǽk] 攻撃する / **defend** [dɪfénd] 守る

④ **unite** [junáɪt] 団結する / **divide** [dɪváɪd] 分裂する

⑤ **tighten** [táɪtn] 引き締める・きつくする / **loosen** [lúːsn] ゆるめる

⑥ **introduce** [ɪntrəd(j)úːs] 導入する / **withdraw** [wɪðdrɔ́ː] 引っ込める

⑦ **win** [wín] 勝つ / **lose** [lúːz] 敗れる

動詞を制する者は英語を制する

英語の原動力、それは動詞。動詞が一番ダイナミックに変化します。動詞を制すれば、英語を制することができます。

本書 Classic は、動詞のオンパレード。同じ動詞が、続編に再び登場。徹底的な復習主義で動詞を攻略する、それが英単語レボリューションの真骨頂。1066語の動詞をマスターすれば、あなたは、英語のウイリアム征服王です！

---

withdraw - withdrew - withdrawn　　win - won - won

Ed **was convicted** of murder. Coy **was acquitted** of murder.	エドは殺人の **有罪判決** を受け、コイは殺人の **無罪判決を受けた**。
They **demanded** food. So we **supplied** them with rice.	彼らは食糧(しょくりょう)を **要求した**。そこで我々は彼らに米を **供給した**。
They **attacked** us. We **defended** ourselves well.	彼らは我々を **攻撃した**。我々はうまく自分たちを **守った**。
United we stand, **divided** we fall.	**団結する** ことによって我々は立ち、**分裂する** ことによって我々は倒れる。
The dictator's grip **tightened** last year. Now it has **loosened.**	去年独裁者の支配が **引き締まった**。今は **緩くなった**。
As we **introduced** a new plan, they **withdrew** theirs.	我々が新たな計画を **導入した** ので、彼らは自分たちの計画を **引っ込めた**。
We **won** and they **lost.**	我々が **勝ち**、彼らが **敗れた**。

lose - lost - lost

政治

❶	**concern** [kənsə́ːn] 心配させる	**execute** [éksəkjùːt] 実行・実施する	**harm** [háɚm/háːm] 傷つける
❷	**pass** [pǽs] (法案)を通す、可決する	**design** [dɪzáɪn] 設計する・原案を作る	**provide** [prəváɪd] 供給する
❸	**announce** [ənáuns] 知らせる	**reduce** [rɪdúːs] 減らす	**stimulate** [stímjəlèɪt] 刺激する・活気づける
❹	**prosper** [práspɚ] 繁栄する	**adorn** [ədɔ́ɚn/-dɔ́ːn] 飾る	**excel** [ɪksél/ek-] より優れている
❺	**inform** [ɪnfɔ́ɚm/-fɔ́ːm] 情報を提供する	**search** [sə́ɚtʃ] 捜索する	**seize** [síːz] つかみとる・没収する
❻	**support** [səpɔ́ɚt/-pɔ́ːt] 支持する	**vote** [vóut] 投票する	**take office** [téɪk] 政界入りする
❼	**overthrow** [òuvɚθróu] 転覆させる・ひっくり返す	**rule** [rúːl] 支配・統治する	**moderate** [mádərèɪt/mɔ́d-] 和らげる・穏やかにする

take - took - taken   overthrow - overthrew - overthrown

I'm **concerned** * about the plan. It **was executed** to help the children but it may **harm** them.	私はその計画が **心配だ**。それはその子供たちを助けるために **実施された** が、彼らを **害する** かもしれない。
Congress **passed** a law **designed** to **provide** homeless shelters.	（アメリカの）議会はホームレスの住居を **供給する** ために **作られた** 法を **可決した**。
Our Prime Minister **announced** that the government will **reduce** taxes to **stimulate** the economy.	経済を **活性化する** ために、政府が税を **減らす** と総理大臣が **公表した**。
The country **prospered**. The palace, **adorned** with ivory, **excelled** over any other.	その国は **繁栄した**。宮殿は象牙で **飾られ**、他のどの宮殿よりも **まさっていた**。
After I **informed** the police of the bribery, they **searched** the office and **seized** documents.	私が警察に汚職の **情報を提供した** あと、警察は会社を **捜索し**、書類を **押収した**。
You **supported** and **voted** for me. Thanks to you, I'm now mayor and am **taking office** today!	みなさんが私を **支援し、投票した**。おかげで今私は知事です。本日 **政界入りします**。
They **overthrew** the regime and **ruled** the country. Their policies have since **been moderated**.	彼らは政権を **転覆し** 国を **治めた**。そのときから、彼らの政策は **穏やかになった**（和らげられた）。

政治

* be concerned about 〜 = 〜を心配する

経済

❶
- **range** [réɪndʒ] 〜に及ぶ
- **monopolize** [mənápəlàɪz] 独占する
- **annihilate** [ənáɪəlèɪt] 滅ぼす・全滅させる

❷
- **invest** [ɪnvést] 投資する
- **pollute** [pəl(j)úːt] 汚染する
- **ruin** [rúːɪn] 荒廃させる・台無しにする

❸
- **stabilize** [stéɪbəlàɪz] 安定させる
- **imagine** [ɪmædʒɪn] 想像する
- **trade** [tréɪd] 貿易をする

❹
- **impose** [ɪmpóʊz] 〜を課す・負わす
- **groan** [gróʊn] うなる・うめく
- **riot** [ráɪət] 暴動を起こす

❺
- **institute** [ínstət(j)ùːt] (制度を) 実施する
- **spoil** [spɔ́ɪl] 台無しにする・だめにする
- **amend** [əménd] 改正する・修正する

❻
- **anticipate** [æntísəpèɪt] 懸念する・予想する
- **stimulate** [stímjəlèɪt] 刺激する・活気づける
- **eliminate** [ɪlímənèɪt/-ímɪ-] 削除する

❼
- **strive** [stráɪv] 奮闘・努力する
- **surpass** [səpǽs] 超える・〜にまさる
- **overtake** [òʊvətéɪk] 追い越す

strive - strove - striven (strived)　　overtake - overtook - overtaken

His ideas **range*** from how to **monopolize** the market to how to **annihilate** the country.	彼の考えは、市場を **独占する** やり方から国を **滅ぼす** 方法にまで **及んでいる**。
Don't **invest** in that company. They have **polluted** the river and **ruined** our environment.	あの会社には **投資する** な。彼らは川を **汚染し**、環境を **台無しにし** てきたんだ。
We should **stabilize** our economy. **Imagine** the consequences if we don't. Other countries may stop **trading** with us.	経済を **安定させる** べきだ。そうしなかった結果を **想像して** ほしい。他国が **貿易** をするのをやめるかもしれない。
The government **imposed** a heavy tax. People **groaned**. They **rioted** against the tax.	政府は重税を **課した**。国民は **わめき**、税に反対して **暴動を起こした**。
Tax reform **instituted** last month is **spoiling** the market. We should **amend** the tax law to save our economy.	先月 **実施された** 税制改革は、市場を **台無しにした**。経済を救うために、税法を **改正す** べきである。
He **anticipated** that the plan would **stimulate** the economy and **eliminate** the deficit.	その計画は経済を **活性化し**、赤字を **取り除く** と彼は **予想した**。
Japan **strove** to **surpass** France's GNP. Finally she **overtook** it.	日本はフランスの GNP を **追い抜こう** と **努力し**、ついにフランスを **上回った**。

* range A from B = A から B に及ぶ

犯罪・警察

❶	**approach** [əpróutʃ] 近づく	**snatch** [snætʃ] ひったくる	**rob** [ráb] 奪う・強奪する
❷	**receive** [rɪsíːv] 受け取る	**disillusion** [dìsəlúːʒən/dìsɪl–] 幻滅を感じさせる	**manifest** [mǽnəfèst] 明らかにする
❸	**imply** [ɪmpláɪ] ほのめかす	**perceive** [pərsíːv] 気づく・知覚する	**assault** [əsɔ́ːlt] 襲う
❹	**instruct** [ɪnstrʌ́kt] 教える・指示する	**destroy** [dɪstrɔ́ɪ] 破壊する・なきものにする	**strain** [stréɪn] 引き締める・曲げる
❺	**shelter** [ʃéltər] かくまう	**escape** [ɪskéɪp/es–] 逃げる	**turn in** [tə́ːn] 手渡す・提出する
❻	**break into** [bréɪk] 〜に押入る・侵入する	**murder** [mə́ːdər] 人殺しをする	**spare** [spéər] 容赦する・惜しむ
❼	**swear** [swéər] 誓う	**fulfill** [fulfíl] 果たす・実行する	**confirm** [kənfə́ːm] 確かめる

break - broke - broken   swear - swore - sworn

He **approached** a girl and **snatched** her bag. He **robbed** ∗ another girl of her purse.	彼は女の子に **近づき** バッグを **ひったくった** 。他の女の子から財布を **略奪した** 。
We **received** his letter. He **disillusioned** us. He **manifested** the truth.	我々は彼の手紙を **受け取った** 。彼は我々を **幻滅させた** 。彼は真実を **明らかにした** のだ。
He **implied** that he had **perceived** their plot. So they **assaulted** him.	彼は彼らの陰謀に **気づいた** ことを **ほのめかした** 。それで彼らは彼を **襲った** 。
He **instructed** me to **destroy** the evidence. We had to **strain** the truth.	彼は私に証拠を **隠滅する** ように **指示した** 。我々は事実を **曲げざ** るをえなかった。
He **sheltered** a man who had **escaped** from prison but his wife **turned** him **in**.	刑務所から **脱走した** 男を彼は **かくまった** が、彼の妻が男を警察に **引き渡した** 。
He **broke into** the house and **murdered** the couple. But he **spared** their child.	彼はその家に **押し入り** 、夫婦を **殺害した** 。しかし子供を **生かしておいた** 。
He **swore** he would **fulfill** his mission, and we have now **confirmed** its completion.	彼は任務を **果たす** と **誓った** 。そして我々は今任務の完了を **確認した** 。

犯罪・警察

∗ rob 人 of 〜 = 人から〜を奪う

犯罪・警察

❶
- **poison** [pɔ́ɪzn] 毒殺する
- **vow** [váu] 誓う・誓約する
- **revenge** [rɪvéndʒ] 復讐する

❷
- **investigate** [ɪnvéstɪgèɪt] 取り調べる
- **charge** [tʃɑ́ə·dʒ/tʃɑ́:dʒ] 負わせる・告発する
- **bargain** [bɑ́ə·gən/bɑ́:gɪn] 取引をする

❸
- **condemn** [kəndém] 非難する
- **fool** [fú:l] だます
- **cover up** [kʌ́vəː] 覆う・隠す

❹
- **discover** [dɪskʌ́vəː] 発見する
- **analyze** [ǽnəlàɪz] 分析する
- **exist** [ɪgzíst/eg–] 存在する

❺
- **block** [blɑ́k] ふさぐ・妨害する
- **disperse** [dɪspə́:s] 四方に散らす
- **drive** [dráɪv] 追い払う・運転する

❻
- **lock** [lɑ́k] 閉じ込める
- **burn** [bə́ː n] 燃える
- **suffocate** [sʌ́fəkèɪt] 窒息する

❼
- **commit** [kəmít] （罪を）犯す
- **upset** [ʌpsét] 転覆・動転させる
- **mourn** [mɔ́ə·n/mɔ́:n] 悲しむ・嘆く

drive - drove - driven   burn - burnt (burned) - burnt (burned)

His father **was poisoned**. He **vowed** to **revenge** his father's murder.	彼の父は **毒殺された**。彼は父の殺人に **仕返しする** ことを **誓った**。
They **investigated** the case. This man **was charged** with **bargaining** with gangsters.	彼らはその事件を **取り調べた**。この男はギャングと **取引をした** ことで **告発された**。
We **condemn** them. They are **fooling** us by **covering up** the evidence.	我々は彼らを **非難する**。彼らは証拠を **隠す** ことによって我々を **だましている** からだ。
A fingernail, **discovered** at the crime scene, **was analyzed**. No other evidence **existed**.	犯行現場で **見つけられた** 指の爪が **分析された**。他に証拠は **存在し** なかった。
Although the crowd had **blocked** the street, they **dispersed** after the police **drove** them away.	群衆が通りを **ふさいだ** けれど、警察が彼らを **追い払った** 後、彼らは **散った**。
Locked in the **burning** building, those men **suffocated**.	**燃えている** 建物に **閉じ込められ** て、その男たちは **窒息死した**。
He **committed** a crime. We **were** all **upset** and **mourned** for the victim.	彼は犯罪を **犯した**。我々は皆 **動転し**、被害者のために **悲しんだ**。

犯罪・警察

upset - upset - upset

犯罪・警察

① **identify** [aɪdéntəfàɪ] 本人であることを確認する
   kidnap [kídnæp] 誘拐する
   demand [dɪmǽnd/də-] 要求する

② **suspect** [səspékt] おかしいと疑う
   involve [ɪnvάlv] 関係させる・巻き込む
   deny [dɪnáɪ] 否定する

③ **inspect** [ɪnspékt] 調査・点検する
   notice [nóutəs/-tɪs] 気づく
   relieve [rɪlíːv] 和らげる・安心させる

④ **organize** [ɔ́ːrgənàɪz/ɔ́ː-] 組織を作る
   dominate [dάmənèɪt/dɔ́mɪ-] 支配する・牛耳る
   terrify [téərəfàɪ/térə-] ひどく怖がらせる

⑤ **scrutinize** [skrúːtənàɪz] 吟味する・念入りに調べる
   presume [prɪz(j)úːm] 推定する
   implement [ímpləmènt] 実行する・実施する

⑥ **emerge** [ɪmɔ́ːrdʒ] 現れる
   point [pɔ́ɪnt] 向ける
   mean [míːn] 意味する

⑦ **possess** [pəzés] 所有する
   load [lóud] 銃弾をこめる
   shoot [ʃúːt] 撃つ

mean - meant - meant   shoot - shot - shot

The suspect, **identified** as Jack Smith, **kidnapped** a child, **demanding** a ransom.	ジャック・スミスと **確認された** 容疑者は子供を **誘拐し**、身代金を **要求している**。
I **suspect** he **was involved** in the crime, though he **denies** it.	彼がその犯罪に **関与した** のではないかと私は **疑っている**。彼はそれを **否定している** が。
Though the police **inspected** the building, they did not **notice** anything strange. We **were relieved**.	警察がビルを **調べた** が、何もおかしなことに **気づか** なかった。我々は **ほっとした**。
Organized crime **dominates** the neighborhood, **terrifying** its residents.	**組織化された** 暴力団が近隣を **牛耳り**、住民を **脅かしている**。
After **scrutinizing** their plan, we **presume** that they will **implement** it.	計画を **吟味し** た後、彼らはそれを **実行する** と我々は **推定する**。
Someone **emerged** from behind, **pointing** his gun at me, which **meant** he wanted my money.	誰かが後ろから **現れ**、銃を私に **突きつけた** が、それはお金がほしいことを **意味していた**。
Though he **possessed** a **loaded** gun, it was someone else who **shot** the man.	彼は **弾丸をこめた** 銃を **持っていた** が、男を **撃った** のは誰か別の人だった。

犯罪・警察

犯罪・警察

#			
❶	**warn** [wɔ́ərn/wɔ́ːn] 警告する	**mention** [ménʃən] 言及する・人に言う	**disregard** [dìsrɪgáərd/−gáːd] 無視・軽視する
❷	**doubt** [dáut] 疑う	**protect** [prətékt] 守る	**maintain** [meɪntéɪn] 維持する
❸	**criticize** [krítəsàɪz] 批判する	**confine** [kənfáɪn] 閉じこめる	**torment** [tɔəmént/tɔː−] ひどく苦しめる・拷問する
❹	**chase** [tʃéɪs] 追跡する	**arrest** [ərést] 逮捕する	**question** [kwéstʃən] 尋問する
❺	**look into** [lúk] 調査する	**trace** [tréɪs] 追跡する・探し出す	**witness** [wítnəs] 目撃する
❻	**find** [fáɪnd] 見つける	**blindfold** [bláɪndfòuld] 目隠しをする	**untie** [ʌntáɪ] ほどく
❼	**smuggle** [smʌ́gl] 密輸する	**fling** [flíŋ] ぶち込む・投げ飛ばす	**liberate** [líbərèɪt] 解放する

find - found - found   fling - flung - flung

I **warned** you twice not to **mention** my name. You **disregarded** my instructions.	私の名前を 口にする な と二度 警告した のに、おまえは私の指図に 背いた 。
I **doubt** if our police really **protect** us or **maintain** law and order.	警察が本当に我々を 守っている のか、法と秩序を 維持している のか、私には 疑わしい 。
He **was criticized** as a traitor and **confined** in a small room, where he **was tormented**.	裏切り者と 批判され 、小部屋に 監禁され 、そこで彼は 拷問を受けた 。
The police **chased** the man and **arrested** him. They're **questioning** him now.	警察はその男を 追跡し 、逮捕した 。今警察は男を 尋問している 。
Police **looked into** the case. They **traced** the child who had **witnessed** the shooting.	警察はその事件を 調査した 。警察は発砲を 目撃した 子供を 捜し出した 。
She was **found** bound and **blindfolded**. We **untied** her and took her to safety.	彼女は縛られて 目隠しされた 状態で 見つかった 。我々は彼女を 解いて 、安全な場所に連れていった。
He **smuggled** cocaine into Japan. He **was flung** into a prison but **was soon liberated**.	彼はコカインを日本に 密輸した 。牢に ぶち込まれた が、すぐに 自由にされた 。

犯罪・警察

戦争

① guarantee [gæ̀rəntíː] 保証・保障する
take measure [téik] 手段を講じる
secure [sikjúɚ] 守る・保証する

② form [fɔ́ːrm/fɔ́ːm] 形作る
restore [ristɔ́ɚ/ristɔ́ː] 復興する
promote [prəmóut] 促進する

③ bomb [bám] 爆撃する
surrender [səréndɚ] 降伏する
renounce [rináuns] 断念する・放棄する

④ insist [insíst] 主張する
steer [stíɚ] 操縦・運転する
flee [flíː] 飛ぶようにして逃げる

⑤ claim [kléim] 権利を主張する
invade [invéid] 侵略する
occupy [άkjəpài] 占領する

⑥ reckon [rékn] 勝手に思う
entitle [entáitl] 権利・資格を与える
respond [rispánd] 反応する・応ずる

⑦ devastate [dévəstèit] 荒らす・荒廃させる
rebuild [ribíld] 再建する
thrive [θráiv] 栄える・成長する

rebuild - rebuilt - rebuilt   thrive - thrived (throve) - thrived (thriven)

58

No one can **guarantee** world peace unless we **take measures** to **secure** it.	誰も世界平和を **保障する** ことはできない。それを **守る** ために我々が **手段を講じ** ないならば。
A committee **was formed** to **restore** democracy and **promote** peace.	民主主義を **復興し**、平和を **促進する** ために委員会が **作られた**。
Hiroshima **was bombed**. Japan **surrendered** and **renounced** war.	広島が **爆撃された**。日本は **降伏し**、戦争を **放棄した**。
The soldier is **insisting** that he did not **steer** his car into **fleeing** Iraqi people.	その兵士は、自分は、**逃げる** イラク人の中に車を **運転して** 突っ込んではいないと **言い張って** いる。
They **claimed** the territory was theirs. Then they **invaded** and **occupied** it.	彼らはその領土は自分たちのものだと **主張した**。そして彼らはそこを **侵略し**、**占領した**。
They **reckon** that the U.S. **is entitled*** to **respond** to the terrorist attack.	アメリカ合衆国は、そのテロの襲撃に **報復する資格がある** と彼らは **考えている**。
The town, **devastated** by war and since **rebuilt**, is **thriving** now.	その町は戦争で **荒廃した** が、それから **再建され**、今は **栄えている**。

* be entitled to do = ～する資格がある

戦争

①	**torture** [tɔ́ːrtʃər/tɔ́ː-] 拷問にかける	**strip** [stríp] はぎ取る・はく奪する	**expel** [ɪkspél/eks-] 追放する
②	**make light of ...** [méɪk] 軽く見る・軽視する	**conquer** [káŋkər] 征服する	**jeopardize** [dʒépərdàɪz] 危険にさらす
③	**besiege** [bɪsíːdʒ] 包囲する	**succumb** [səkʌ́m] 屈する・負ける	**enlarge** [enláːrdʒ/ɪnláːdʒ] 拡張する・広くする
④	**coax** [kóʊks] 説得する・あやす	**emigrate** [éməgrèɪt] (他国へ)移住させる	**avert** [əvɔ́ːt] (危険を)避ける
⑤	**salute** [səlúːt] 敬礼する	**beckon** [békn] 手招きする	**bow** [báʊ] お辞儀する
⑥	**disorganize** [dɪsɔ́ːrgənàɪz/dɪsɔ́ː-] 秩序を乱す・混乱させる	**overwhelm** [òʊvərhwélm] 圧倒する	**withdraw** [wɪðdrɔ́ː] 撤退する
⑦	**fight** [fáɪt] 戦う	**bleed** [blíːd] 血を流す	**flow** [flóʊ] (液体が)流れる

withdraw - withdrew - withdrawn   fight - fought - fought

He **was tortured**, **stripped** of his power and **expelled** from the country.	彼は **拷問を受け**、権力を **はく奪され**、国から **追放された**。
We **made light of** them but they **conquered** our land. Our lives **were** then **jeopardized**.	我々は彼らを **軽く見ていた** が、彼らは我々の土地を **征服した**。その後、我々の命は **危険にさらされた**。
Besieged by demands, the government **succumbed** to pressure. It decided to **enlarge** the annual budget.	要求に **取り囲まれ**、政府は圧力に **屈した**。政府は年次予算を **拡大する** ことを決めた。
He **coaxed** the dictator into **emigrating** to a neutral country to **avert** war.	彼は独裁者を **説得して**、戦争を **避ける** ために中立国へ **移住させた**。
The soldier **saluted** and **beckoned** me to come. I **bowed** and followed.	兵隊は **敬礼し**、来るように **手招きした**。私は **お辞儀をして**、従った。
The **disorganized** army **was overwhelmed** by their enemies. They **withdrew**.	**混乱した** 軍隊は敵に **打ちのめされた**。彼らは **撤退した**。
He **fought** and **bled** for us. Tears **flowed** from our eyes.	彼は我々のために **戦い 血を流した**。涙が我々の目から **流れた**。

戦争

bleed - bled - bled   flow は規則変化

社会

①
- **worsen** [wə́ːsn] 悪化する
- **aid** [éɪd] 援助する
- **supply** [səpláɪ] 供給する

②
- **contaminate** [kəntǽmɪnèɪt] 汚染する
- **leak** [líːk] 漏れる
- **expose** [ɪkspóʊz/eks–] さらす

③
- **trap** [trǽp] 罠にかける・閉じこめる
- **clear** [klíəɪ] 邪魔物を除ききれいにする
- **rescue** [réskjuː] 救助する

④
- **cross** [krɔ́(ː)s] 横断する
- **immigrate** [ímɪgrèɪt] 移住する
- **assimilate** [əsíməlèɪt] 同化する

⑤
- **desert** [dɪzə́ːt] 見捨てる
- **starve** [stáɚv/stáːv] 飢える・餓死する
- **deteriorate** [dɪtíəriərèɪt] 悪化する

⑥
- **subscribe to** [səbskráɪb] ～を定期購読する
- **publish** [pʌ́blɪʃ] 発行する
- **contain** [kəntéɪn] ～を含む

⑦
- **spread** [spréd] 広がる
- **terrify** [térəfàɪ] ひどく怖がらせる
- **discriminate** [dɪskrímənèɪt] 差別する

spread - spread - spread

Poverty **worsened** there though many countries tried to **aid** by **supplying** food.	多くの国が食糧を **供給する** ことによって **援助し** ようとしたけれど、貧困はそこで **悪化した**。
If water **contaminated** by radioactivity **leaks** out, some people may **be exposed** to the radiation.	もし放射能に **汚染された** 水が **漏れ** たら、放射能に **さらされる** 人がいるかもしれない。
200 people **are trapped** by the heavy snows. We have to **clear** roads to **rescue** them.	200人が大雪で **閉じ込められ** ている。我々は彼らを **救助する** ために道を **きれいにし**（除雪し）なければならない。
He **crossed** the border, **immigrating** to the country. He quickly **assimilated** into its culture.	彼は国境を **越え**、その国に **移住した**。彼はすぐにその文化に **同化した**。
They **are deserted**. They are **starving**. Sanitation there is **deteriorating**.	彼らは **見捨てられ** ている。**飢えている**。そこの衛生は **悪化している**。
I **subscribe to** *Newsweek*. It **is published** weekly. It **contains** lots of current news.	私はニューズウィーク誌を **定期購読している**。毎週 **刊行され**、多くの最新ニュースを **含んでいる**。
AIDS **spreads** rapidly. People **are terrified**. AIDS patients **are discriminated** against.	エイズが急速に **広まり**、人々は **おびえている**。エイズ患者が **差別されている**。

社会

ペア

❶ import [ímpɔ̀ət/-pɔ́ːt]
輸入する

export [ɪkspɔ́ət/-pɔ́ːt/ékspɔːt]
輸出する

❷ decrease [dɪkríːs]
減少する

increase [ɪnkríːs]
増大する

❸ double [dʌ́bl]
倍にする

halve [hæv/hάːv]
半分にする

❹ multiply [mʌ́ltəplàɪ]
どんどん増える

diminish [dəmínɪʃ]
少しずつ減る

❺ conceal [kənsíːl]
隠す

reveal [rɪvíːl]
暴露する

❻ lower [lóuəɹ]
下げる

raise [réɪz]
上げる

❼ fall [fɔ́ːl]
下がる

rise [ráɪz]
上がる

fall - fell - fallen　　rise - rose - risen

半分を超えました

もうすでに本書の半分を過ぎました。覚えるのに慣れてきたでしょうか。自分のペースがつかめてきたでしょうか。

「継続は力なり」と言います。本書を学習しながら、英語で本や新聞を読んだり、入試問題や資格試験問題に挑戦してみましょう。本書で出てきた単語の意味がわかるようになってきたらしめたもの。残りもこの調子で覚え、動詞1066を自分のものにしましょう！

They **import** oil and **export** food.	彼らは石油を 輸入し 、食糧を 輸出する 。
Pressure **decreases** as altitude **increases**.	高度が 上がる につれて気圧は 減少する 。
His income **was doubled** but mine **was halved**.	彼の収入は 倍になった が、私のは 半減した 。
Our grain store **multiplied** and theirs **diminished**.	我々の穀物貯蔵(ちょぞう)はどんどん 増え 、彼らのは少しずつ 減った 。
The vital evidence the police tried to **conceal** has **been revealed**.	警察が 隠そう とした重大な証拠が 暴露された 。
They **lowered** the price but now have **raised** it back up again.	彼らは値段を 下げた が、今また値段を 上げ て元に戻した。
The price **fell** but now it is **rising** again.	値段は 下がった が、今また 上がっている 。

ペア

歴史

①
- **govern** [gʌ́vən] 統治する
- **exploit** [ɪksplɔ́ɪt] 搾取する
- **despise** [dɪspáɪz] 軽べつする

②
- **deport** [dɪpɔ́ət/-pɔ́ːt] 国外追放する
- **slaughter** [slɔ́ːtəɹ] 虐殺する
- **target** [táəɡət/táːɡɪt] 目標・標的にする

③
- **survey** [səɹvéɪ/sə́ːveɪ] 綿密・包括的に調査する
- **decay** [dɪkéɪ] 衰退する・腐る
- **perish** [périʃ] 滅びる・消滅する

④
- **revive** [rɪváɪv] 復興する
- **discard** [dɪskáəd/dɪskáːd] (習慣・不用品を)捨てる
- **cherish** [tʃérɪʃ] 大事にする

⑤
- **pass away** [pǽs] 死去する
- **succeed** [səksíːd] 後を受け継ぐ
- **inherit** [ɪnhéərət/-hérət] 相続する

⑥
- **attack** [ətǽk] 襲う
- **defeat** [dɪfíːt] 負かす
- **retreat** [rɪtríːt] 退却する

⑦
- **dig** [dɪ́g] 穴を掘る
- **prove** [prúːv] 証明する
- **exist** [ɪgzíst/eg-] 存在する

dig - dug - dug   prove - proved - proven (proved)

When the king **governed**, he **exploited** workers. Everybody **despised** him.	その王が **治めた** とき、王は労働者を **搾取した**。みんな王を **軽べつした**。
The Nazis had a system of **deporting** and **slaughtering** **targeted** people.	**標的にされた** 人たちを国外に **追放し** たり **虐殺する** 制度がナチにあった。
They **surveyed** the site of the civilization that had **decayed** and **perished** 600 years ago.	600年前に **衰退して消滅した** 文明の遺跡を彼らは **調査した**。
They **revived** the tradition that had **been discarded** a century ago. Now they **cherish** it.	彼らは1世紀前に **捨てられた** 伝統を **復活させた**。今彼らはそれを **大切にしている**。
After the king **passed away**, his son **succeeded** him, **inheriting** the kingdom.	国王が **亡くなった** あと、息子が国王の **後を継ぎ**、王国を **相続した**。
After **attacking** Russia in 1812, Napoleon **was defeated** and forced to **retreat**.	1812年にロシアを **攻撃した** あと、ナポレオンは **敗れ**、**退却し** なければならなかった。
They **dug** in the ruins and **proved** that the kingdom really had **existed**.	彼らはその遺跡を **発掘し**、その王国が本当に **存在した** ことを **証明した**。

歴史

人生

① fascinate [fǽsənèɪt] うっとりさせる
brighten [bráɪtn] 輝かせる
elevate [éləvèɪt] 高める・持ち上げる

② pretend [prɪténd] 装う・見せかける
disguise [dɪsgáɪz] 変装する
suit [súːt] 合う・似合う

③ endeavor [endévər] 努力する
extend [ɪksténd/eks–] 延長する・拡張する
nourish [nə́ːrɪʃ/nʌ́r–] 養う・育成する

④ recommend [rèkəménd] 勧める
aim [éɪm] 目指す
bet [bét] 金を懸ける・きっと〜と思う

⑤ victimize [víktəmàɪz] 犠牲にする
conform [kənfɔ́ːrm/–fɔ́ːm] 従う・順応する
object [əbdʒékt] 異議を唱える・抗議する

⑥ reward [rɪwɔ́ːrd/–wɔ́ːd] 報酬を与える
exclude [ɪksklúːd/eks–] 除外する
frustrate [frʌ́streɪt] 失望させる・挫折させる

⑦ oblige [əbláɪdʒ] 余儀なく〜させる
beg [bég] 施しを乞う
undergo [ʌ̀ndərgóu] 経験する・耐えて受ける

undergo - underwent - undergone

You **fascinate** me. You **brighten** my every moment. You **elevate** my spirits.	君は僕を **うっとりさせる**。君は僕の瞬間、瞬間を **輝かせ**、僕の気分を **高める**。
He **pretended** to be rich by **disguising** himself. But his clothes did not **suit** him.	彼は **変装し** て金持ちの **ふりをした** が、彼の服は彼に **似合って** いなかった。
He **endeavored** to **extend** his knowledge to them. They **were** intellectually **nourished**.	彼は自分の知識を彼らに **広めようと 努めた**。彼らは知的に **養われた**。
I **recommend** that you **aim** for the prize. I **bet** you can win.	その賞を **目指す** ことを おすすめします。あなたなら **きっと** 勝てる と思います。
He has **victimized** them. They **conform** to his rules, never **objecting** to his demands.	彼は彼らを食い物にした（**犠牲にした**）。彼らは彼の規則に **順応し**、決して彼の要求に **異議を唱え** ない。
He should **be rewarded** but **was excluded** from the competition. I felt **frustrated**.	彼こそ **賞を与えられる** べきなのに、競争から **外された**。私は **がっかりした**。
Poverty **obliged** * him to **beg** from house to house, **undergoing** many hardships along the way.	貧乏で、彼は家々をまわって **物ごいする** しかなかった。そんな途上で、多くの困難を **経験した**。

人生

＊ oblige 人 to do ～ ＝ 人に余儀なく～させる・強制的に～させる

人生

❶
- **broaden** [brɔ́:dn] 広げる
- **widen** [wáɪdn] 広げる
- **cultivate** [kʌ́ltəvèɪt] 耕す・(品性を)磨く

❷
- **tease** [tíːz] からかう
- **curse** [kə́ːs] ののしる・呪う
- **adjust to** [ədʒʌ́st] ～に順応する

❸
- **correspond** [kɔ̀ərəspánd] 一致する・調和する
- **distinguish** [dɪstíŋgwɪʃ] 見分ける
- **resent** [rɪzént] 憤慨する・ひどく嫌う

❹
- **amaze** [əméɪz] 驚嘆させる
- **flatter** [flǽtər] 大げさにほめる
- **hate** [héɪt] 憎む

❺
- **murmur** [mə́ːmər] ぶつぶつ言う
- **stem** [stém] 由来する・起こる
- **arouse** [əráuz] 目覚めさせる・起こす

❻
- **occur** [əkə́ː] (事が)起こる・心に浮かぶ
- **invite** [ɪnváɪt] 招待する
- **leap** [líːp] さっと跳ぶ

❼
- **erase** [ɪréɪs/ɪréɪz] 消す・消去する
- **undo** [əndúː] 取り消す・元に戻す
- **reverse** [rɪvə́ːs] 逆戻りさせる・覆す

leap - leaped (leapt) - leaped (leapt)　　undo - undid - undone

Broaden your horizons. **Widen** your experience. **Cultivate** your mind.	自分の視野を 広げて 。経験を 広くして 。精神を 耕して 。
They **teased** and **cursed** me. I couldn't **adjust to** life there.	彼らは私を からかい 、ののしった 。私はそこでの生活に 順応する ことができなかった。
His deeds **correspond** to his words. Although he **distinguishes** * good from evil, I **resent** him.	彼の行いは言葉と 一致し 、善と悪を 区別する のだが、私は彼が 嫌いだ 。
I'**m amazed** at the way she **flatters** him. She used to **hate** him.	彼女が彼を おだてる そのやり方に私は 驚いた 。以前、彼女は彼を 憎んでいた のに。
He **murmured** a word. Trouble **stemmed** from it, **arousing** a storm of protest.	彼が一言 つぶやいた 。そこから問題が 生じ 、抗議の嵐を 巻き起こした 。
It never **occurred** to me that I would **be invited** here. When I heard about this, I **leaped** with joy.	私がここに 招待される なんて 思い浮かば なかった。これを聞いたとき、私は喜びで 跳びはねた よ。
We can neither **erase** nor **undo** the past. We can't **reverse** the clock.	過去を 消し たり、元に戻し たりすることはできない。我々は時計を 逆戻りさせる ことができない。

人生

* distinguish A from B ＝ A と B を見分ける （＝ tell A from B）

人生

#			
❶	**restrain** [rɪstréɪn] 抑える・抑制する	**frown** [fráun] しかめ面をする	**yell** [jél] 鋭く叫ぶ
❷	**labor** [léɪbər] 取り組む・働く	**toil** [tɔ́ɪl] せっせと働く	**attain** [ətéɪn] 達成する
❸	**delight** [dɪláɪt] 大喜びさせる	**declare** [dɪkléər] 宣言する	**accomplish** [əkámplɪʃ] 達成する
❹	**distress** [dɪstrés] 悩ませる	**focus** [fóukəs] 焦点を合わせる・集中する	**fix** [fíks] 固定する・定める
❺	**weigh** *on* [wéɪ] (〜に) 重くのしかかる	**struggle** [strʌ́gl] 闘う・奮闘する	**suffer** [sʌ́fər] 悩み苦しむ
❻	**minimize** [mínəmàɪz] 最小限にする	**cope with** [kóup] 〜にうまく対処する	**swing** [swíŋ] 繰り返し振る
❼	**endure** [end(j)úər] 耐える	**flourish** [flə́ːrɪʃ/flʌ́r–] 栄える・はびこる	**overcome** [òuvərkʌ́m] 克服する

swing - swung - swung　　overcome - overcame - overcome

She could not **restrain** her temper. She **frowned** at me and **yelled** in anger.	彼女は怒りを **抑える** ことができず、私に **しかめ面をし**、怒鳴った（怒りで **叫んだ**）。
They **labored** to reach the goal. We **toiled** to **attain** the goal, too.	目標に達するように彼らは **働いた**。我々もその目標を **達成する** ために **せっせと働いた**。
I'm **delighted** to **declare** that we have **accomplished** our ends.	我々の目標を **達成した** ことを、私は **喜んで 宣言** します。
Don't **distress** yourself. **Focus** on the bright future. **Fix** * your eyes on it.	自分を **悩ませ** てはいけません。明るい未来に **心を集中し**、それを **じっと見つめ** なさい。
The matter **weighed on** her mind. She **struggled** with it, **suffering** a lot.	その問題は彼女の心に **重くのしかかった**。彼女はそれと **闘い**、とても **苦しんだ**。
For him, the best way to **minimize** or **cope with** stress is to **swing** his golf club.	彼にとって、ストレスを **最小限にする**、またはストレスに **対処する** 最善の方法は、ゴルフクラブを **素振りする** ことだ。
I **endured** a lot of hardships. Though despair **flourished** in me for some time, I finally **overcame** it.	私は多くの困難に **耐えた**。絶望感がしばらくの間、私の内に **はびこった** が、私はついにそれを **克服した**。

＊ fix one's eyes on ～ ＝ ～をじっと見る

人生

人生

❶	**stab** [stǽb] 鋭利な物で傷つける	**humiliate** [hju(:)mílièit] 恥をかかせる	**suppress** [səprés] 抑える・抑制する
❷	**fear** [fíər] 恐れる	**undermine** [ʌ̀ndərmáin] 徐々に害する・浸食する	**banish** [bǽniʃ] 追い払う・払いのける
❸	**annoy** [ənɔ́i] むっとさせる	**compromise** [kámprəmàiz] 妥協する	**head** [héd] (～に向かって) 進む
❹	**motivate** [móutəvèit] 動機づける	**improve** [imprúːv] 向上させる	**persevere** [pə̀ːrsəvíər] 辛抱する・やり抜く
❺	**blind** [bláind] 盲目にする・目をくらませる	**enlighten** [enláitn] 啓発・啓蒙する	**recur** [rikə́ːr] 繰り返される
❻	**discipline** [dísəplən/-plin] しつける・お仕置きする	**reassure** [rìːəʃúər] 安心させる	**care** [kéər] 気にかける・ケアする
❼	**allow** [əláu] ゆるす・(要求を) 認める	**triumph** [tráiəmf] 大勝利を収める	**withstand** [wiðstǽnd] 抵抗する・耐える

withstand - withstood - withstood

His words **stabbed** at her heart, **humiliating** her. She tried to **suppress** her anger.	彼の言葉は彼女の心を **ぐさりと刺し**、彼女を **はずかしめた**。彼女は怒りを **抑え** ようとした。
I **feared** that the situation would **be undermined** but her smile **banished** my fears.	状況が **徐々に悪化する** のを私は **恐れた** が、彼女の笑みが私の恐れを **消し去った**。
We **were annoyed**. He said he would not **compromise**, but eventually he **headed** in that direction.	我々は **腹が立った**。彼は **妥協する** ことはないと言ったのに、結局は妥協する方向へ **向かった**。
They **were motivated** to **improve** themselves. They **persevered** with their studies.	彼らは自分たちを **高める** ように **動機づけられ** ていた。自分たちの勉強を **やり抜いた**。
"Love **blinds** some people, but **enlightens** others" is one **recurring** theme in the book.	「愛は人を **盲目にする** かと思えば、人を **啓発する** こともある」というのがその本に **繰り返される** テーマだ。
After you **discipline** your children, **reassure** them that you **care** for them.	子供を **お仕置きし** た後は、**ケアしている** と言って、子供を **安心させ** なさい。
They did not **allow** evil to **triumph**. They **withstood** intimidation.	彼らは悪が **大勝利を得る** のを **許さ** なかった。彼らは脅しに **抵抗した**。

人生

人生

#			
❶	**aspire** [əspáɪər] 熱望する	**appoint** [əpɔ́ɪnt] 任命する	**disgust** [dɪsɡʌ́st] むかつかせる
❷	**yearn** [jə́ːn] 憧れる・切望する	**utter** [ʌ́tər] 口に出す・発言する	**inspire** [ɪnspáɪər] 霊感を与える・奮起させる
❸	**cheer** [tʃíər] 元気づける	**bewilder** [bɪwíldər] 当惑させる	**subdue** [səbd(j)úː] 弱める・抑制する
❹	**tend to do** [ténd] 〜する傾向にある	**exaggerate** [ɪɡzǽdʒərèɪt/eɡz–] 誇張する	**speculate** [spékjəlèɪt] 憶測する
❺	**congratulate** [kənɡrǽtʃəlèɪt] 〜を祝う	**please** [plíːz] 喜ばせる・満足させる	**grant** [ɡrǽnt] (願いを)かなえる
❻	**embarrass** [embǽərəs/ɪm–] 恥ずかしい思いをさせる	**violate** [váɪəlèɪt] (決りを)破る	**repeat** [rɪpíːt] 繰り返す
❼	**astonish** [əstánɪʃ] すごくびっくりさせる	**faint** [féɪnt] 失神・気絶する	**dream** [dríːm] 夢を見る

dream - dreamed (dreamt) - dreamed (dreamt)

He **aspired** to be chief, but a weaker man **was appointed** instead. He **was disgusted**.	彼はチーフになることを **熱望した** が、そうでなく彼より弱い者が **任命された** 。彼は **むかついた** 。
I **yearn** to hear you speak. Every word you **utter inspires** me.	私はあなたが話すのを聞くことを **切望します** 。あなたの **発する** 言葉はすべて私を **感激させる** のです。
Please **cheer** her up. She **is bewildered** and **subdued**.	彼女を **元気づけて** くれ。彼女は **当惑し、弱っている** 。
He **tends to exaggerate** whenever he **speculates**.	彼は **憶測する** ときはいつでも、**誇張する** 傾向がある（～しがちである）。
Let us **congratulate** you. We're **pleased** to tell you that your wish will **be granted**.	あなたを **お祝いさせ** てください。あなたの願いが **かなえられる** ことを、我々は **喜んで** あなたに伝えます。
I **was embarrassed** when you **violated** my privacy. Never **repeat** it.	君が私のプライバシーを **侵害した**(しんがい) とき、私は **当惑した** よ。それを決して **繰り返さ** ないでくれ。
I **was** so **astonished** that I almost **fainted**. I'd never **dreamed** of such success.	私は **驚き** のあまり **気絶し** そうだった。そんな成功は、一度も **夢に見た** ことはなかった。

人生

人生

①
- **portray** [pɔətréɪ/pɔː-] (絵や言葉で)描く
- **misjudge** [mìsdʒʌ́dʒ] 誤って判断する
- **mistreat** [mistríːt] 虐待する

②
- **permit** [pəmít] 許可する
- **explore** [ɪksplɔ́ə/eksplɔ́ː] 探訪・探検する
- **share** [ʃéə] 分かち合う

③
- **probe** [próub] 探る・綿密に調べる
- **solve** [sálv] 解決する
- **attribute** [ətríbjuːt] 〜のおかげだと思う

④
- **resolve** [rizálv] 解決する
- **handle** [hǽndl] 対処・処理する
- **panic** [pǽnɪk] パニックを起こす

⑤
- **care** [kéə] 気を使う
- **publicize** [pʌ́bləsàɪz] 公にする・宣伝する
- **matter** [mǽtə] 重要である

⑥
- **direct** [dərékt/daɪ-] 監督する
- **edit** [édɪt] 編集する
- **cast** [kǽst] 投げる・放つ

⑦
- **console** [kənsóul] 慰める
- **part** [pɑ́ət/pɑ́ːt] 別れる
- **tear** [téə] 引き裂く

cast - cast - cast   tear - tore - torn

He **portrayed** himself as a genius **misjudged** and **mistreated** by the media.	彼はメディアに **誤解され**、**虐待された** 天才として自分を **表現した**。
Permit me to **explore** your inner world. **Share** your feelings with me.	あなたの内なる世界を私が **探訪する** のを **ゆるして** 下さい。あなたの感情を私と **分かち合って** 下さい。
He **probed** the mystery and **solved** it. He **attributed*** his success to his colleagues.	彼はその謎を **深く探り**、それを **解決した**。彼はその成功を仲間の **おかげと考えた**。
Can I **resolve** the problem? Can I **handle** it without **panicking**?	私はその問題を **解決する** ことができるだろうか。**パニックを起こさ** ずにそれを **処理する** ことができるだろうか。
He **cares** only about **publicizing** his beliefs. Nothing else **matters** to him.	彼は自分の信条を **公にする** ことだけを **気遣い**、他のものは何も彼にとって **重要で** はない。
He **directed** and **edited** a movie that **cast** doubt on our way of life.	彼は我々の生き方に疑念を **投げかける** 映画を **監督し、編集した**。
I **consoled** her for **parting** from him. Her heart **was torn** with grief.	彼と **別れた** ことで私は彼女を **慰めた**。彼女の心は悲しみで **張り裂け** そうだった。

人生

* atribute ~ to（人）＝ ~を（人）のおかげだと思う。

宗教

❶
| resist [rɪzíst] 抵抗する | scatter [skǽtər] まき散らす | yield [jiːld] 力に屈する・産する |

❷
| initiate [ɪníʃièɪt] 入会させる・秘伝を授ける | profess [prəfés/proʊ–] 告白する | converse [kənvə́ːs] 会話する |

❸
| pursue [pərs(j)úː] 追求する | sit back [sít] ゆったりとすわる・くつろぐ | reflect [rɪflékt] 反映する・よく考える |

❹
| chant [tʃǽnt] 唱える | fast [fǽst] 断食する | meditate [médɪtèɪt] 瞑想する |

❺
| exalt [ɪɡzɔ́ːlt/eɡz–] 讃美する・大いに喜ばせる | exclaim [ɪkskléɪm/eks–] 興奮して叫ぶ | convey [kənvéɪ] 伝える |

❻
| experience [ɪkspíəriəns/eks–] 経験する | ridicule [rídɪkjùːl] あざける | betray [bɪtréɪ] 裏切る |

❼
| weep [wíːp] （涙を流して）泣く | pray [préɪ] 祈る | plead [plíːd] 嘆願する |

weep - wept - wept　　plead - pleaded (pled) - pleaded (pled)

He **resisted** the temptation to **scatter** the rumor, but finally **yielded** to it.	彼はそのうわさを **まき散ら** そうという誘惑に **抵抗した** が、ついにそれに **屈した** 。
He **was initiated** into a cult where people **profess** an odd faith and **converse** with trees.	彼は人々が奇妙な信仰を **告白し** 、木々と **会話する** カルトグループに **入会させられた** 。
He **pursues** a fruitful life. He **sits back** and **reflects** on the deeper meaning of life.	彼は実りある人生を **追求する** 。 **くつろいで** 人生のさらに深い意味を **よく考え** ている。
Some monks **chanted** prayers. Others **fasted** or **meditated**.	祈りを **唱える** 修道士もいれば、 **断食し** たり、 **瞑想し** たりする修道士もいた。
Handel's music **exalted** God. Listening, we wanted to **exclaim** our joy, but no words could **convey** our feelings.	ヘンデルの音楽は神を **讃美した** 。聴いて我々は喜びを **叫び** たかったが、気持ちを言葉では **伝える** ことができなかった。
Jesus **experienced** hardships. He **was ridiculed** and **betrayed**.	イエスは困難を **経験した** 。彼は **あざけられ** 、 **裏切られた** 。
She **wept**. She **prayed**. She **pleaded** for mercy.	彼女は **泣き** 、 **祈った** 。あわれみを **嘆願した** 。

宗教

宗教

① **tempt** [témpt] 誘惑する | **possess** [pəzés] 憑く・所有する | **haunt** [hɔ́ːnt] (幽霊が)出没する

② **contribute** [kəntríbjuːt] 貢献する | **donate** [dóʊneɪt] 献金する | **volunteer** [vὰləntíər] ボランティアを買って出る

③ **blame** [bléɪm] 非難する | **carry out** [kǽri] 実行する | **command** [kəmǽnd] 命令する

④ **celebrate** [séləbrèɪt] 祝う | **praise** [préɪz] 讃える | **rejoice** [rɪdʒɔ́ɪs] 喜ぶ

⑤ **impress** [ɪmprés] 感銘させる | **sacrifice** [sǽkrəfàɪs] 犠牲にする | **save** [séɪv] 救う

⑥ **force** [fɔ́ərs/fɔ́ːs] 強制する | **abandon** [əbǽndən] (去ることによって)捨てる | **follow** [fάloʊ] 後に従う

⑦ **kneel** [níːl] ひざまずく | **confess** [kənfés] 告白する | **worship** [wə́ːrʃəp/wɔ́ːʃɪp] 礼拝する

kneel - knelt - knelt

Satan **tempted** him. Evil spirits **possessed** him. Ghosts **haunted** his house.	サタンは彼を 誘惑した 。悪霊が彼に 憑いた 。幽霊は彼の家に 住みついた 。
He **contributed** to a church. He **donated** $10,000. He **volunteered** to work on Friday.	彼は教会に 貢献した 。1万ドル 献金し 、金曜日には ボランティアをして 働いた。
Don't **blame** me. I only **carried out** what I had **been commanded** to do.	私を とがめな いで下さい。私はただ 命令された ことを 実行した だけなのです。
We **celebrate** Christmas. On that day we **praise** our Savior and **rejoice** in His * birth.	我々はクリスマスを 祝う 。その日に救い主を 讃え 、彼の誕生を 喜ぶ 。
I **was impressed** by his deed. He **sacrificed** his life to **save** the child.	私は彼の行いに 感銘を受けた 。彼はその子を 救う ために命を 犠牲にした 。
The new king **forced** them to **abandon** their old gods and **follow** different ones.	新しい王様は彼らが、古い神を 捨て 、異なった神に 従う ことを 強制した 。
She **knelt** down, **confessed** her sins and **worshipped** God.	彼女は ひざまずき 、罪を 告白して 、神を 礼拝した 。

宗教

＊神であることを表す場合、He, His, Him などは大文字ではじめる。

ペア

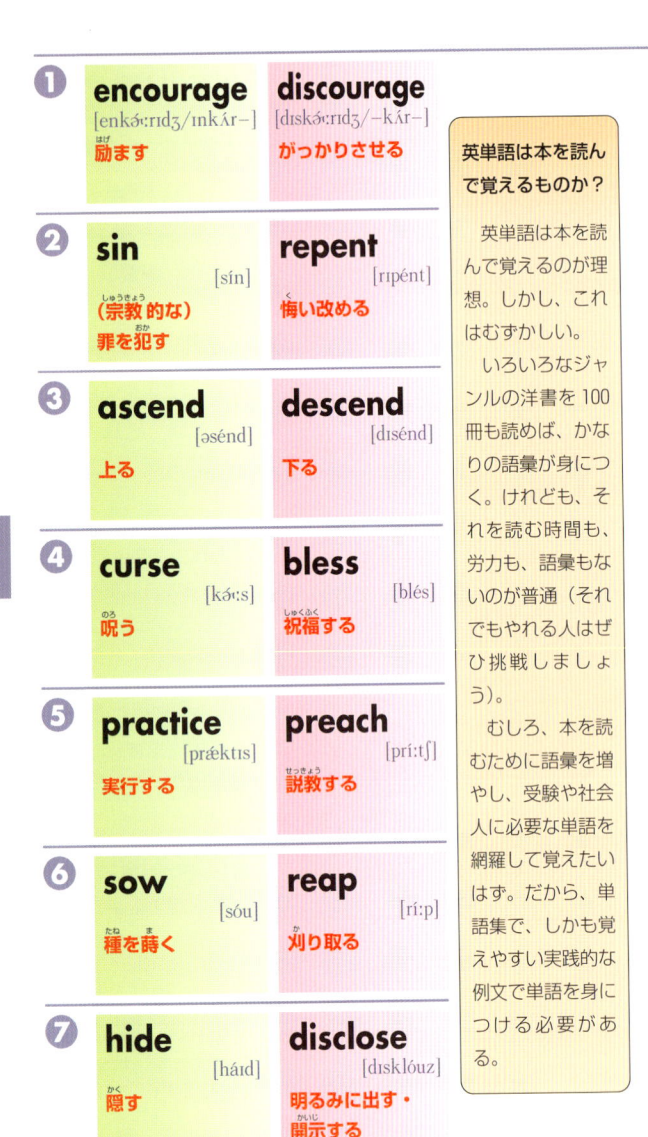

❶ encourage [enkə́ːridʒ / inkə́r–]
励ます

discourage [diskə́ːridʒ / –kə́r–]
がっかりさせる

❷ sin [sín]
(宗教的な)罪を犯す

repent [ripént]
悔い改める

❸ ascend [əsénd]
上る

descend [disénd]
下る

❹ curse [kə́ːs]
呪う

bless [blés]
祝福する

❺ practice [præktis]
実行する

preach [príːtʃ]
説教する

❻ sow [sóu]
種を蒔く

reap [ríːp]
刈り取る

❼ hide [háid]
隠す

disclose [disklóuz]
明るみに出す・開示する

英単語は本を読んで覚えるものか？

英単語は本を読んで覚えるのが理想。しかし、これはむずかしい。

いろいろなジャンルの洋書を100冊も読めば、かなりの語彙が身につく。けれども、それを読む時間も、労力も、語彙もないのが普通(それでもやれる人はぜひ挑戦しましょう)。

むしろ、本を読むために語彙を増やし、受験や社会人に必要な単語を網羅して覚えたいはず。だから、単語集で、しかも覚えやすい実践的な例文で単語を身につける必要がある。

---

sow - sowed - sown (sowed)　　hide - hid - hidden

I **encouraged** him, but **discouraged** his sister.	私は彼を **励ました** が、彼の妹を **がっかりさせた** 。
He **sinned** but he did not **repent**.	彼は（宗教的な）**罪を犯した** が、**悔い改め** なかった。
Angels were **ascending** and **descending**.	天使達が **上り** **下り** していた。
Balaam did not **curse** them. He **blessed** them.	バラムは彼らを **呪う** ことをせず、**祝福した** 。
Practice what you **preach**.	（人に）**説教する** ことを自ら **実行し** なさい。
Whoever **sows** generously will also **reap** generously.	誰でも豊かに **蒔く** ものは豊かに **刈り取る** 。（聖書の言葉）
My uncle tried to **hide** the secret but my aunt **disclosed** it.	叔父は秘密を **隠そ** うとしたが、叔母はそれを **明るみに出した** 。

恐怖

① **visualize** [víʒuəlàɪz] 心に思い浮かべる | **prophesy** [práfəsàɪ] 予言する | **be destined to do** [déstn/-tɪn] 〜する運命にある

② **realize** [ríːəlàɪz/ríəl-] はっきりとわかる | **steer** [stíɚ] (車や船を)操縦する | **plunge** [plʌ́ndʒ] 投げ込む・飛び込む

③ **symbolize** [símbəlàɪz] 象徴する | **be doomed to do** [dúːm] 〜する(恐るべき)運命にある | **collapse** [kəlǽps] 崩壊する

④ **roam** [róum] 歩き回る | **whistle** [hwísl] 口笛を吹く | **shudder** [ʃʌ́dɚ] 身震いする

⑤ **vanish** [vǽnɪʃ] 消える・見えなくなる | **disappear** [dìsəpíɚ] 視界から消える | **abduct** [æbdʌ́kt] 誘拐する・拉致する

⑥ **mutter** [mʌ́tɚ] ぶつぶつ言う | **foretell** [fɔɚtél/fɔːtél] 予告・予言する | **lure** [lúɚ] 誘い込む・誘惑する

⑦ **suck** [sʌ́k] 吸う | **summon** [sʌ́mən] 呼びだす | **deal with** [díːl] 扱う・処置する→殺す

foretell - foretold - foretold　　deal - dealt - dealt

He **visualized** the town. He then **prophesied** that it **was destined** to disappear.	彼はその町を **心に思い描いた**。それから彼は、町が消え去る **運命にある** と **予言した**。
I **realized** that a little error in **steering** would **plunge** me straight down the slope.	**運転する** ときのわずかなミスで、崖から一直線に **落下する** ことが **わかった**。
The figure **symbolizing** human weakness **is doomed to collapse** at any moment.	人間の弱さの **象徴である** その像は、いつ何時にでも **崩壊する 運命にある**。
When I was **roaming** through the woods, I heard someone **whistle**. I **shuddered**.	私が森を通って **歩き回っていた** とき、誰かが **口笛を吹く** のが聞こえた。私は **身震いした**。
He has **vanished**. His car has **disappeared**, too. Was he **abducted** by aliens?	彼が **消えた**。彼の車も **消えた**。宇宙人に **さらわれた** のだろうか。
The witch **muttered** a spell, and **foretold** the future. She **lured** us into a trap.	その魔女は呪文を **ぶつぶつと唱え**、未来を **予告した**。彼女は我々を罠に **誘い込んだ**。
Count Dracula was **sucking** human blood. Van **was summoned** to **deal with** the menace.	ドラキュラ伯爵は人の血を **吸って** いた。バンはこの危険人物を **殺す（取り扱う）** ために **呼び出された**。

恐怖

#			
❶	**dedicate** [dédɪkèɪt] 専念する・捧げる	**prolong** [prəlɔ́:ŋ/-láŋ] 延長する・長くする	**enhance** [enhǽns] 増す・高める
❷	**cough** [kɔ́(:)f] せきをする	**accompany** [əkʌ́mpəni] 伴わせる・同行する	**vomit** [vámət/vɔ́mɪt] (ゲロを)吐く・吐き出す
❸	**oppress** [əprés] 圧迫する・悩ませる	**assume** [əs(j)ú:m] 推定する	**induce** [ind(j)ú:s] 引き起こす
❹	**impair** [ɪmpéər] 損なう・障害を負わせる	**comprehend** [kàmprɪhénd] (知的に十分に)理解する	**communicate** [kəmjú:nəkèɪt] 意志の疎通をはかる
❺	**conduct** [kəndʌ́kt] 行う	**prevent** [prɪvént] 防ぐ・妨げる	**participate in** [paərtísəpèɪt/pɑ:-] ～に参加する
❻	**drag** [drǽŋ] 引きずる・長引かせる	**twist** [twíst] ねじる・ひねる	**swell** [swél] ふくらむ・ふくれる
❼	**injure** [índʒər] 傷つける	**pour** [pɔ́ər/pɔ́:] (わっと)あふれ出る・注ぐ	**shed** [ʃéd] (血や涙を)流す

swell - swelled - swelled / swollen   shed - shed - shed

医学

Those physicians **dedicated** * themselves to **prolonging** and **enhancing** human lives.	あの外科医達は、人の生命を **延ばし** **向上させる** ために生涯を **捧げた**。
She **coughs** badly. She has a headache **accompanied** by **vomiting**.	彼女はひどい **せきをし**、**吐き出すこと**（吐き気）を **ともなう** 頭痛がしている。
He **was oppressed** with anxiety. I **assume** that it **induced** his heart disease.	彼は心配で **憂うつになった**。それが心臓病を **引き起こした** と私は **推定する**。
These children **are impaired** in their ability to **comprehend** and **communicate**.	この子供達は **理解する** 能力と **意志の疎通をはかる** 能力が **損なわれている**。
We **conducted** a campaign to **prevent** the spread of AIDS. Over 1,000 people **participated in** it.	我々は AIDS の蔓延を **予防する** ためのキャンペーンを **行った**。千人以上の人が **参加した**。
He was **dragging** the cart when he **twisted** his foot. It **swelled** up.	彼がカートを **引いていた** とき、足を **ひねった**（**捻挫した**）。足は **腫れ**上がった。
His child **was injured**. Tears **poured** from his eyes. I'd never seen him **shed** tears.	彼の子どもが **怪我をした**。涙が彼の目から **溢れ出た**。彼が涙を **流す** のを私はそれまで見たことがなかった。

＊ dedicate A to B ＝ A を B に捧げる

医学

❶	**prescribe** [prɪskráɪb] (薬を)処方する	**work** [wə́ːk] 働く・効く	**swallow** [swάlou] 飲み込む
❷	**breathe** [bríːð] 呼吸する	**pronounce** [prənáuns] 宣告する	**die of** [dáɪ] 〜で死ぬ
❸	**determine** [dɪtə́ːmɪn] 決断する・決定する	**cause** [kɔ́ːz] (結果を)引き起こす	**afflict** [əflíkt] 苦しませる
❹	**ache** [éɪk] 痛む	**soothe** [súːð] (痛みを)和らげる	**get rid of** [gét] 取り除く
❺	**operate** [άpərèɪt] 手術をする・作動する	**cure** [kjúər] 治療する・治す	**heal** [híːl] 癒す
❻	**pierce** [píərs] 刺し通す	**contract** [kəntrǽkt] 契約する・(病気に)かかる	**infect** [ɪnfékt] 感染させる
❼	**wail** [wéɪl] 泣き叫ぶ	**wound** [wúːnd] (体や心を)傷つける	**lessen** [lésn] 少なくなる

wound - wounded - wounded (規則変化)

The medication my doctor **prescribed** may **work**, but I don't want to **swallow** any drugs.	医者が 処方した その薬は 効く かもしれない。でも私はどんな薬も 飲み たくはない。
He stopped **breathing**, and **was pronounced** dead. He **died of** heart failure.	彼は 呼吸する ことが止み、死亡が 宣告された 。彼は心臓発作で 死んだ 。
We have to **determine** what **causes** the illnesses **afflicting** those people.	あの人たちを 苦しめている 病気の 原因となる ものを、我々は 確定し なければならない。
My back **aches**. How can I **soothe** the pain? How can I **get rid of** it?	背中が 痛む 。どうすれば痛みを 和らげる ことができるだろうか。どうやって痛みを 取り除く ことができるだろうか。
Though doctors **operated** on him, they couldn't **cure** him. But Dr. Miracle **healed** him.	医師は彼に 手術をした が彼を 治す ことができなかった。しかしミラクル博士は彼を 癒した 。
After he had his ears **pierced**, he **contracted** a virus. Then his ears **became infected**.	彼は耳に 穴をあけた 後、ウイルスに 侵された 。そして耳は 感染した 。
I **wailed** with pain when I **got wounded**. But now the pain has begun to **lessen**.	傷を負った とき私は痛くて 泣きわめいた 。しかし今は痛みが 減り 始めた。

医学

cf. wind [wáind]（巻く） - wound [wáund] - wound [wáund]

生物

① **deliver** [dilívɚ] 配達する | **last** [lǽst] 長持ちする・長く続く | **wither** [wíðɚ] 枯れる・衰える

② **growl** [grául] うなる | **bark** [báːk/báːk] 吠える | **howl** [hául] 遠吠えする

③ **tame** [téim] 飼いならす | **train** [tréin] 訓練する | **perform** [pɚfɔ́ːm/−fɔ́ːm] 演じる・行う

④ **recall** [rikɔ́ːl] 思い出す | **gaze at** [géiz] 〜をじっと見つめる | **pant** [pǽnt] (息を) ハアハアさせる

⑤ **bat** [bǽt] バットで打つ | **race** [réis] 競争する・突進する | **retrieve** [ritríːv] 取り戻す・回収する

⑥ **lay** [léi] (卵を) 産む・横にして寝かせる | **brood** [brúːd] 卵を抱く | **hatch** [hǽtʃ] (卵が) かえる

⑦ **stroke** [stróuk] 撫でる | **feed** [fíːd] 餌をやる | **purr** [pɚ́ː] (猫が) のどを鳴らす

lay - laid - laid　　feed - fed - fed

The flowers **delivered** last week didn't **last** long. They **withered** right away.	先週 **配達された** 花は **長持ちし** なかった。すぐに **しおれた**。
The dog **growled**. Then it **barked** at me. Finally it started to **howl**.	その犬は **うなった**。それから私にむかって **吠えた**。最後には、**遠吠えをし** はじめた。
They **tamed** some elephants and **trained** them to **perform** in a circus.	彼らは象を **飼いならし**、サーカスで芸を **するように仕込んだ**。
I can clearly **recall** the scene. The puppy was **gazing at** me, **panting** for breath.	その光景をはっきり **思い出す** ことができる。子犬は、息を **ハーハーさせ** ながら私を **見つめていた**。
When I **batted** the ball, the dog **raced** off after it, and **retrieved** it.	私がボールを **打った** とき、犬はボールの後を **競うように追い**、取って戻ってきた。
The hen **laid** an egg. She **brooded**. Many days later, the egg **hatched**.	その雌鶏(めんどり)は卵を **産み**、**抱いた**。何日も経って後、卵が **かえった**。
He **stroked** the cat and **fed** her. The cat **purred**.	彼は猫を **撫で** て猫に **えさを与えた**。猫は **のどを鳴らした**。

生物

生物

❶
- **wander** [wάndɚ] さまよう
- **encounter** [enkάuntɚ/ɪn-] 出くわす
- **shriek** [ʃríːk] 甲高い声・悲鳴を上げる

❷
- **devote** [dɪvóut] 捧げる・専念する
- **preserve** [prɪzə́ːv] なくならないように保存する
- **endanger** [endéɪndʒɚ/ɪn-] 危険にさらす

❸
- **plant** [plˈænt] 植える
- **root** [rúːt] 根づく
- **trim** [trím] 刈り込む

❹
- **examine** [ɪgzˈæmən/egz-] 調べる
- **classify** [klˈæsəfàɪ] 分類する
- **evolve** [ɪvάlv] 進化する

❺
- **stroll** [stróul] ぶらつく
- **inhabit** [ɪnhˈæbət] 住んでいる
- **scare** [skéɚ] 怯えさせる

❻
- **blossom** [blάsəm] 咲く
- **fade** [féɪd] しぼむ
- **bear** [béɚ] (実を) 結ぶ

❼
- **bite** [báɪt] (歯で) 噛む・突き刺す
- **sting** [stíŋ] (針で) 刺す
- **scratch** [skrˈætʃ] ひっかく

bear - bore - borne   bite - bit - bitten   sting - stung - stung

I was **wandering** through the forest when I **encountered** a bear. I **shrieked**.	森を通って **さまよっていた** そのとき、私は熊に **出くわした** 。私は **悲鳴を上げた** 。
They **devoted*** their lives to **preserving endangered** species.	彼らは絶滅の **危機に瀕する** 種を **保存する** ために生涯を **捧げた** 。
I **planted** a tree in the garden. After it had **rooted** firmly, I **trimmed** it.	私は庭に木を **植えた** 。しっかりと **根付いて** から、**刈り込みをした** 。
He **examined** and **classified** the dinosaur fossils to see how dinosaurs **evolved**.	どのように恐竜が **進化した** かを理解するため、彼は恐竜の化石を **調べ**、**分類した** 。
I **strolled** into a cave **inhabited** by many bats. I **was** not **scared** of them.	私は多くのコウモリが **棲む** 洞窟に **ぶらっと入った** が、コウモリを **怖れ** なかった。
The flowers will **blossom** and **fade**, but will **bear** fruit.	花は **咲き**、**しぼむ** 。しかし実を **結ぶ** のだ。
A mosquito **bit** me, a wasp **stung** me and a cat **scratched** me.	蚊が私を **刺した** 。スズメバチが私を **刺した** 。猫が私を **ひっかいた** 。

生物

＊ devote A to B ＝ A を B に捧げる（B は名詞または動名詞）

生物

❶
- **migrate** [máɪgreɪt] （渡り鳥が）渡る
- **flutter** [flʌ́təɪ] 羽をパタパタさせる
- **prepare** [prɪpéəɪ] 準備をする

❷
- **chain** [tʃéɪn] 鎖をする
- **tie** [táɪ] 結ぶ
- **wag** [wǽg] （体の一部を）振る

❸
- **profit** [prɑ́fət] 利益を得る
- **skin** [skín] 皮を剥ぐ
- **trail** [tréɪl] 後をつける・追跡する

❹
- **yelp** [jélp] （犬が）キャンキャン吠える
- **hinder** [híndəɪ] 妨げる・邪魔する
- **touch** [tʌ́tʃ] 触れる

❺
- **pick** [pík] 摘み取る
- **squeeze** [skwíːz] 搾り出す
- **taste** [téɪst] ～の味がする

❻
- **breed** [bríːd] 飼育する
- **amuse** [əmjúːz] 楽しませる
- **pat** [pǽt] 軽くたたく・撫でる

❼
- **beat** [bíːt] （続けざまに）打つ
- **drown** [dráʊn] 溺死させる
- **prompt** [prɑ́mpt] （人を）刺激する・鼓舞する

breed - bred - bred   beat - beat - beaten

The young **migrating** bird **fluttered** his wings, **preparing** for his first journey.	若い渡り鳥（渡りをする鳥）は、初めての旅の **準備をし** て、**羽をばたばたさせた**。
Stacy **chained** up her dog and **tied** him to a tree. He was **wagging** his tail.	ステーシーは犬に **鎖をし**、木に **つないだ**。犬はしっぽを **振っていた**。
They **profited** by **skinning** tigers. They knew how to **trail** their prey.	彼らは虎の **皮を剥ぐ** ことで **儲けた**。彼らはどうやって獲物の **跡を追いかける** かを知っていた。
The dog **yelped** and **hindered** us from **touching** the wire.	犬が **吠え**、邪魔して、我々が電線に **触れ** ないようにした。（我々が電線に **触れる** のを **妨げた**。）
I **picked** a lemon and **squeezed** juice from it. It **tasted** sour.	私はレモンを **もぎ取り**、レモンから果汁を **搾り出した**。ジュースは酸っぱい **味がした**。
"This monkey **is bred** to **amuse** people," he said, **patting** its head.	「この猿は人を **楽しませる** よう **育てられている**」と、彼は猿の頭を **撫でて** 言った。
The stories of beavers that **are beaten** and **drowned** may **prompt** * us to give up wearing fur.	**打ち叩かれ**、**溺死させられる** ビーバーの話は、我々を **うながして**、毛皮を着るのをやめ **させる** かもしれない。

生物

＊ prompt 人 to do ＝ 人を促して〜させる

科学

①
- **explain** [ɪkspléɪn/eks-] 説明する
- **compose** [kəmpóuz] 構成する
- **expand** [ɪkspǽnd/eks-] 膨張する

②
- **materialize** [mətíəriəlàɪz] 実現する・具体化する
- **refine** [rɪfáɪn] 精製する
- **separate** [sépərèɪt] 分離する・引き離す

③
- **spot** [spɑ́t] (地点を)つきとめる
- **orbit** [ɔ́ːrbət/ɔ́ːbɪt] 〜の軌道を回る
- **dazzle** [dǽzl] 目をくらませる・驚嘆させる

④
- **predict** [prɪdíkt] 予測する・預言する
- **erupt** [ɪrʌ́pt] 噴火する
- **evacuate** [ɪvǽkjuèɪt] 避難する

⑤
- **emphasize** [émfəsàɪz] 強調・力説する
- **digest** [daɪdʒést] 消化する
- **surprise** [sərpráɪz] 驚かす

⑥
- **compare** [kəmpéər] 比較する
- **blend** [blénd] 混ぜ合わせる
- **build** [bíld] 立てる・設立する

⑦
- **circulate** [sə́ːrkjəlèɪt] 広まる・流通する
- **emit** [ɪmít] 放つ・噴出する
- **spill** [spíl] こぼす・あふれる

build - built - built　　spill - spilt (spilled) - spilt (spilled)

Professor Hawking **explained** that the universe **is composed** * of countless galaxies and is **expanding**.	ホーキング教授は宇宙は数えきれない数の星雲 **からなり**、膨張している と 説明した。
They **materialized** the plan to **refine** and **separate** uranium.	彼らはウラニウムを **精製し**、**分離する** という計画を **実現した**。
Mr. Hyakutake **spotted** a comet that **orbits** the sun. He **was dazzled**.	百武氏は、太陽の **軌道を回る** 彗星を 見つけた。彼は **驚嘆した**。
Several scientists **predict** that the volcano will **erupt** in a week. We have to **evacuate**.	何人かの科学者はその火山が一週間後に **噴火する** と **予測している**。我々は **避難** しなくてはならない。
He **emphasized** that spiders **digest** food before eating it. The fact **surprised** me.	彼は蜘蛛が食前に食物を **消化する** ことを **強調した**。その事実は私を **驚かせた**。
He **compared** the two ideas. He **blended** them and **built** up a new theory.	彼は2つの考えを **比較し**、両方を **混ぜ合わせ**、新たな説を **立てた**。
Reports are **circulating** that the volcano is **emitting** steam and lava, which is **spilling** down the side of the mountain.	その火山が蒸気と溶岩を **放っている** との噂が **広まっている**。その溶岩は山肌を **溢れ** 落ちてきている。

科学

* be composed of ～ = be made up of ～

科学

❶	**roar** [rɔ́ər] とどろく・うなる	**crash** [krǽʃ] 音を立てて衝突する	**cease** [síːs] 止む
❷	**generate** [dʒénərèit] 発生させる	**consume** [kəns(j)úːm] 消費する	**waste** [wéist] 浪費する
❸	**penetrate** [pénətrèit] 貫通する・染み込む	**absorb** [æbzɔ́əb/əbsɔ́ːb] 吸収する	**pass through** [pǽs] 通り抜ける
❹	**display** [displéi] 広げて見せる	**contrive** [kəntráiv] 考案する	**detect** [ditékt] 見いだす・感知する
❺	**obtain** [əbtéin] (努力して)手に入れる	**compel** [kəmpél] 強要する・強いる	**rethink** [riːθíŋk] 再び考える
❻	**grind** [gráind] (穀物を)ひく・砕く	**mix** [míks] 混ぜる	**explode** [iksplóud/eks–] 爆発する
❼	**freeze** [fríːz] 凍りつく・動かなくなる	**boil** [bɔ́il] 沸騰する	**evaporate** [ivǽpərèit] 蒸発する・させる

rethink - rethought - rethought   grind - ground - ground

Though thunder **roared** and lightning **crashed**, the storm **ceased** soon.	雷が **とどろき**、稲妻が **落ちた** けれど、嵐はすぐに **やんだ**。
We **generate** electricity. We **consume** a lot of energy. But we **waste** a lot of it, too.	我々は電気を **起す**。多くのエネルギーを **消費する**。しかし多くのエネルギーを **無駄にもする**。
A laser beam **penetrated** the image of Buddha. Part **was absorbed** and part **passed through**.	レーザー光線が仏像を **貫通した**。**吸収された** 部分も、**通り抜けた** 部分もある。
He **displayed** his genius in **contriving** machines to **detect** bombs.	爆弾を **見出す** ための機械を **考案した** ことで、彼はその天才ぶりを **見せつけた**。
The data **obtained** recently will **compel** us to **rethink** our notion of the universe.	最近 **入手された** データは我々に、宇宙の概念を **考え直す** ように **させる** だろう。
He **ground** it and then **mixed** it with oil. The mixture suddenly **exploded**.	彼はそれを **ひいて粉にし**、それを油と **まぜた**。その混ぜ物は突然 **爆発した**。
Water **freezes** at 0°C*. It **boils** at 100°C and then **evaporates**.	水は 0℃で **凍り**、100℃で **沸騰して**、**蒸発する**。

科学

freeze - froze - frozen　　＊ "zero degree Celsius" と読む。

情報

①
- **prevail** [prɪvéɪl] 行き渡る、打ち勝つ
- **tremble** [trémbl] 震える
- **alarm** [əláɚm/əláːm] 恐怖に陥れる・警報を伝える

②
- **beware** [bɪwéɚ] 用心・注意する
- **register** [rédʒɪstɚ] 登録する
- **cancel** [kǽnsl] 取り消す

③
- **capture** [kǽptʃɚ] 捕える
- **duplicate** [d(j)úːplɪkèɪt] 複製する
- **redistribute** [rìːdɪstríbjuːt] 再分配する

④
- **function** [fʌ́ŋkʃən] 機能する
- **reinforce** [rìːɪnfɔ́ɚs/-fɔ́ːs] 補強する
- **process** [prάses] 処理する

⑤
- **perplex** [pɚpléks] まごつかせる
- **prohibit** [proʊhíbət/prə-] 禁止する
- **assist** [əsíst] 手伝う・手を貸す

⑥
- **leak out** [líːk] 漏れだす
- **broadcast** [brɔ́ːdkæst] 放送する
- **shock** [ʃɑ́k] 衝撃を与える

⑦
- **thrust** [θrʌ́st] ぐいと押す・突き出す
- **inquire** [ɪnkwáɪɚ] 尋ねる
- **shiver** [ʃívɚ] 身震いする

broadcast - broadcast (broadcasted) - broadcast (broadcasted)

Silence **prevailed**. Everyone **trembled** with fear. They were all **alarmed** at the news.	静寂(せいじゃく)が **支配した**。皆は恐れで **震えた**。その知らせで彼らはみな **おびえた**。
Beware that once you **register**, you can't **cancel** it.	**注意して** ください。一度 **登録し** たら、それを **取り消す** ことは出来ません。
Documents can **be captured**, **duplicated**, and **redistributed** on the Internet.	文書はインターネット上で 捕えられ、**複製され**、**再分配され** うる。
The software **functions** only to **reinforce** data that we have already **processed**.	そのソフトは我々がすでに **処理した** データを **補強する** ためだけに **機能する**。
I'm **perplexed**. Should we **prohibit** Internet-**assisted** term papers?	私は **まごついている**。我々はインターネットの **手を借りた** 学期末レポートを **禁じる** べきか。
The news **leaked out**. It **was broadcast** on TV, and **shocked** the world.	そのニュースは **漏れ**、テレビで **放送され**、世界に **衝撃を与えた**。
When a reporter **thrust** out his microphone and **inquired** about it, I **shivered**.	記者がマイクを **突き出して** それについて **尋ねた** とき、私は **身震いした**。

情報

thrust - thrust - thrust

ペア

① **faint** [féɪnt] 気絶する | **come to** [kʌ́m] 意識を取り戻す

② **strengthen** [stréŋkθn] 強くなる | **weaken** [wíːkn] 弱くなる

③ **gain** [géɪn] 進む | **lose** [lúːz] 遅れる

④ **take off** [téɪk] 離陸する | **land** [lǽnd] 着陸する

⑤ **inhale** [ɪnhéɪl] 息を吸い込む | **exhale** [ekshéɪl] 息を吐く

⑥ **remove** [rɪmúːv] 削除する | **install** [ɪnstɔ́ːl] インストールする・入れる

⑦ **freeze** [fríːz] 凍る | **melt** [mélt] 溶ける

コロケーション

ネイティブの人の頭の中は、単語と単語の組み合わせがぎっしり詰まっています。日本語で「帽子をかぶる」「靴下を履く」と言います。しかし、「帽子を履く」「靴下をかぶる」とは言いません。こういう組み合わせ（コロケーション）が大切。

コロケーションで単語を覚えるのが実際的。用法もわかり、意味が明確になります。複数まとめて単語を覚える ── これなしに、英語の上達はあり得ません。

---

freeze - froze - frozen

He **fainted** half an hour ago. He just **came to**.	彼は30分前に **気絶した** が、ちょうど意識を **回復した** ところだった。
The sick man **strengthened**. But his wife **weakened**.	病気の男は **力がついた** が、その妻は **弱くなった**。
This watch **gains** two minutes a day. That watch **loses** twenty seconds a day.	この時計は日に2分 **進み**、あの時計は日に20秒 **遅れる**。
Our plane **took off** ten minutes behind schedule but **landed** there on time.	飛行機は10分遅れて **飛び立った** が、そこに時間までに **着地した**。
Inhale as I listen to your heart beat. Now, **exhale**.	心臓が鼓動するのを聴くので **息を吸い込んで**。はい、**吐いて**。
He **removed** the old version of the software and **installed** a new one.	彼は旧バージョンのソフトを **削除し**、新バージョンのソフトを **インストールした**。
The lake **was frozen** last night. It has **melted** now.	湖は昨日の夜 **凍結していた**。今は **溶けて** しまった。

議論

① **differ** *from* [dífər] 〜と異なる | **agree** [əgríː] 同意する・賛成する | **corrupt** [kərʌ́pt] 堕落させる

② **hesitate** [hézətèit] ためらう・躊躇する | **intervene** [ìntərvíːn] 介入する・干渉する | **settle** [sétl] 解決する・落ち着く

③ **influence** [ínfluəns] 影響する | **vary** [véəri/vǽəri] いろいろある | **reach** [ríːtʃ] (目的・場所に)たどり着く

④ **glow** [glóu] (顔を)赤らめる・熱で輝く | **chatter** [tʃǽtər] ぺちゃくちゃ喋る | **contend** [kənténd] 論争する

⑤ **debate** [dibéit] 賛否に別れて討論する | **persist** [pərsíst] 固執する・持続する | **give in** [gív] 降参する・折れる

⑥ **tolerate** [tálərèit] 我慢する | **insult** [insʌ́lt] 侮辱する | **offend** [əfénd] 感情を害する

⑦ **face** [féis] 直面する | **hurt** [hə́ːt] 傷つく・痛む | **confront** [kənfrʌ́nt] 立ち向かう

hurt - hurt - hurt

His opinion **differs from** mine but we **agree** on one point. Our society has **been corrupted**.	彼の意見は私のとは **異なる** が、私たちは一つの点で **同意見だ**。我々の社会は **堕落した**（英語は受動態）。
She has not **hesitated** to **intervene** in the debate. It will probably **be settled**.	彼女はその討論に **介入する** のに **躊躇し** なかった。議論はおそらく **決着する** だろう。
His words **influenced** us. Our opinions **varied**. We couldn't **reach** a conclusion.	彼の言葉は我々に **影響した**。我々の意見は **様々だった**。我々は結論に **達し** なかった。
Her face **glowed** as she **chattered** about it. Finally she started to **contend** with him.	彼女はそれについて **ぺちゃくちゃ喋った** とき、顔を **赤らめた**。ついに彼女は彼と **論争をし** 始めた。
We **debated** the issue. I **persisted** in my opinion, not **giving in**.	我々はその問題を（賛否に分かれて）**討論した**。私は自分の意見を **通し**、**折れる** ことはなかった。
I cannot **tolerate** his critical remarks. He **insulted** and **offended** me.	彼の批判的発言に私は **我慢する** ことができない。彼は私を **侮辱し**、私の **感情を害した**。
We must **face** the truth even though it **hurts**. We must **confront** the truth.	たとえ **辛くて** も（痛くても）真実に **直面し**、真実に **立ち向かわ** なければならない。

議論

演説

① **complicate** [kámpləkèit] 複雑にする | **oppose** [əpóuz] 反対・対抗する | **interrupt** [ìntərʌ́pt] 邪魔をする

② **interpret** [intə́ːprit] 通訳する | **avoid** [əvɔ́id] 避ける | **render**∗ [réndər] (言語を)翻訳する・置き換える

③ **bore** [bɔ́ər/bɔ́ː] 退屈させる | **irritate** [íərɪtèit/írɪ–] いらいらさせる | **sigh** [sái] ため息をつく

④ **deliver** [dilívər] 届ける・演説する | **illustrate** [íləstrèit/ilʌ́streit] 例証・図解する | **quote** [kwóut] 引用する

⑤ **conclude** [kənklúːd] 結論を出す・終る | **suggest** [sədʒést] 提案する | **cooperate** [kouápərèit] 協力する

⑥ **recognize** [rékəgnàiz] 認める・悟る | **remark** [rimáərk/–máːk] 述べる・感想を言う | **contradict** [kàntrədíkt] 矛盾する

⑦ **note** [nóut] 注意する・メモを取る | **grade** [gréid] 成績をつける | **comprise** [kəmpráiz] 構成する・〜からなる

∗「翻訳する」はふつう translate を使う。

To **complicate** matters, those who **opposed** the plan **interrupted** the speaker.	さらに問題を **複雑にした** のは（〜がこじれたのは）、計画に **反対する** 者達が講演者の **邪魔をした** ことだ。
When you **interpret**, **avoid rendering** word for word.	**通訳をする** ときは、単語から単語へ **置き換える** のは **避け** ましょう。
His speech was **boring**. We were **irritated**. When he finished, we all **sighed**.	彼のスピーチは **退屈だった**。我々は **いらいらした**。話が終わると我々は皆 **ため息をついた**。
He **delivered** a speech. He **illustrated** his ideas by **quoting** from various books.	彼は **演説した**。様々な本から **引用し** て自分の考えを **例証した**。
I **concluded** my speech by **suggesting** that we **cooperate**** with the mayor.	我々が市長と **協力する** べきことを **提案し** て、私は演説を **締めくくった**。
He **recognized** that what he **remarked** today actually **contradicted** his beliefs.	彼が今日 **述べた** ことは、実は自分の信条と **矛盾している** ということを彼は **認識した**。
Please **note** the way you **are graded**. Your speeches will **comprise** 40% of your grade.	あなたがたが、**成績をつけられる** 方法に **注意し** て下さい。スピーチは成績の全体の40％を **構成します**。

演説

** suggest のあとの that 節の中なので cooperate は原形。

言語

① **borrow** [bóərou/bɔ́r−] 借りる・借用する
derive [diráiv] 派生する
retain [ritéin] 維持する・保つ

② **watch** [wátʃ] 気をつけて見守る
behave [bihéiv] 振舞う
complain [kəmpléin] 不満を言う

③ **slap** [slǽp] 平手打ちで叩く
call him ＊ names [kɔ́:l] 〜の悪口を言う
react [riǽkt] 反応する

④ **insert** [insə́:t] 挿入する
modify [mádəfài] 一部を修正・変更する
delete [dilí:t] 削除する

⑤ **pronounce** [prənáuns] 発音する・宣告する
precede [prisí:d] 先立つ・前にある
follow [fálou] 後に続く・従う

⑥ **tend to do** [ténd] 〜する傾向にある
coin [kɔ́in] 造語を造る
compound [kəmpáund] 構成・合成する

⑦ **edit** [édət/édit] 編集する
omit [oumít] 除外する
replace [ripléis] 差し替える・交換する

＊当然彼女の悪口なら her、彼らの悪口なら them を用いる。

110

These words **were borrowed** or **derived** from Greek. They **retain** their original meaning.	これらの語はギリシャ語から 借用された 、または 派生した 語で、原意を とどめている 。
Watch your tongue. **Behave** yourself and try not to **complain** so much.	言葉に 気をつけ 、行儀をよくし 、そんなに 文句を言う ことのないようにして。
She **slapped** him, and **called him names**, but he didn't **react**.	彼女は彼を ひっぱたき 、彼の 悪口を言った が、彼は 反応し なかった。
As an editor, he **inserted**, **modified** and **deleted** letters.	編集者として、彼は文字を 挿入し 、修正し 、削除した 。
As a rule, *b* **is** not **pronounced** when *m* **precedes** it or *t* **follows** it. (例 comb, doubt)	たいていは、m が 前に置かれ たり t が 後に置かれる 時 b は 発音されない。
Americans **tend to coin** adjectives **compounded** from nouns and participles. (例 peace-loving)	米国人は名詞と分詞から 構成される 形容詞を 造語する 傾向がある 。
They **edited** the book. They **omitted** or **replaced** some chapters.	彼らはその本を 編集した 。いくつかの章を 除外し たり 差し替え たりした。

芸能・芸術

❶
- **evaluate** [ɪvǽljuèɪt] 評価する
- **bestow** [bɪstóu] 授ける
- **endow** [endáu/ɪn-] (神が)才能を恵む

❷
- **confer** [kənfə́ːr] 話し合う・協議する
- **engage** [engéɪdʒ/ɪn-] 従事する・携わる
- **diversify** [dɪvə́ːrsəfàɪ/daɪ-] 多彩にする・多様化させる

❸
- **indicate** [índɪkèɪt] 示す・表す
- **satisfy** [sǽtɪsfàɪ] 満足させる
- **exhibit** [ɪgzíbɪt/egz-] 展示する・陳列する

❹
- **clap** [klǽp] たたく、拍手する
- **award** [əwɔ́ːrd/-wɔ́:d] 賞を与える
- **envy** [énvi] うらやむ

❺
- **soar** [sɔ́ːr/sɔ́:] 急上昇する・舞い上がる
- **decline** [dɪkláɪn] 衰える・低下する
- **sustain** [səstéɪn] 維持する

❻
- **draw** [drɔ́:] 線画を描く
- **produce** [prədjú:s] 生み出す
- **appreciate** [əprí:ʃièɪt] 評価する

❼
- **weave** [wí:v] 織る
- **knit** [nít] 編む
- **sew** [sóu] 縫う

draw - drew - drawn   weave - wove - woven

They **evaluated** her work highly and **bestowed** a prize upon her. Now she is richly **endowed**.	彼らは彼女の働きを高く **評価し**、彼女に賞を **授けた**。彼女は今 **天分に恵まれている**。
I **conferred** with him on how to **engage** in a **diversified** program of entertainment.	**多様化された** 娯楽番組にどうやって **携わる** のかということに関して、私は彼に **相談した**。
His smile **indicates** that he is **satisfied** to have his painting **exhibited** there.	彼の笑みは、自分の絵がそこに **出品されている** ことに **満足している** ことを **表している**。
We **clapped** our hands as she **was awarded** the trophy. But in truth, we **envied** her.	彼女がトロフィーを **受賞した** とき、我々は **拍手した**。しかし、本当は彼女が **ねたましかった**。
Her popularity **soared** but soon **declined**. It is difficult to **sustain** popularity.	彼女の人気は **急上昇した** がすぐ **衰えた**。人気を **維持する** のはむずかしい。
He **drew** a splendid picture. He **produced** a masterpiece. We highly **appreciate** it.	彼は壮大な **線画を描いた**。傑作を **生みだした**。我々はそれを高く **評価する**。
I **wove** a rug. Kim **knitted** socks. Mary **sewed** me a dress.	私は敷物を **織り**、キムは靴下を **編み**、メアリーは私にドレスを **縫った**。

芸能・芸術

knit - knitted (knit) - knitted (knit)   sew - sewed - sewn (sewed)

ペア

❶ lack [lǽk] 欠ける / **abound** [əbáund] 富む

❷ fail [féɪl] 失敗する / **succeed** [səksíːd] 成功する

❸ dissuade [dɪswéɪd] 説得して〜をやめさせる / **persuade** [pərswéɪd] 説得して〜させる

❹ divorce [dəvɔ́ːrs/dɪvɔ́ːs] 離婚する / **marry** [mǽri] 結婚する

❺ invent [ɪnvént] 発明・考案する / **imitate** [ímətèɪt] 模倣する

❻ eavesdrop [íːvzdrɑ̀p] 盗み聞きする / **overhear** [òʊvərhíər] 漏れ聞く

❼ dig [díɡ] 穴を掘る / **bury** [béri] 埋める

ご苦労様

p.116の1ページを残すだけとなりました。よくここまできました。動詞を覚えながら、さまざまな文脈の文に親しむことができたはずです。覚えてほしい文が満載の本書は、何度も覚え直すことで、大きな効果が上がります。

続編 Renaissance 1・2では、本書 Classic で覚えた動詞をすべて復習しながら名詞を覚えます。ぜひチャレンジして下さい。

時間がない人は、第4巻 Modern へ進み、名詞・形容詞・副詞を一気に覚えましょう。

---

overhear - overheard - overheard　　dig - dug - dug

He **lacks** courage but **abounds** in humor.	彼は勇気に **欠ける** が、ユーモアに **富む** 。
I **failed** the test but she **succeeded** in it.	私はそのテストに **失敗し** 、彼女は **成功した** 。
I **dissuaded** her from marrying Tom. I **persuaded** her to marry J.J.*	私は彼女がトムと結婚することを **説得してやめさせ** 、彼女を **説得して** J.J.と結婚 **させた** 。
She **divorced** Jim and **married** Ted.	彼女はジムと **離婚し** 、テッドと **結婚した** 。
We **invented** the design. They **imitated** it.	我々がそのデザインを **考案し** 、彼らはそれを **模倣した** 。
I didn't **eavesdrop**. I just **overheard** your conversation.	私は **盗み聞きして** はいない。あなたがたの会話を **偶然聞いた** だけだ。
I **dug** a hole and **buried** the treasure there.	私は穴を **掘って** 、そこに宝を **埋めた** 。

ペア

＊ first name と middle name のイニシャルを重ねたニックネーム。

最後に絵を見て trans- ではじまる単語を覚えよう！

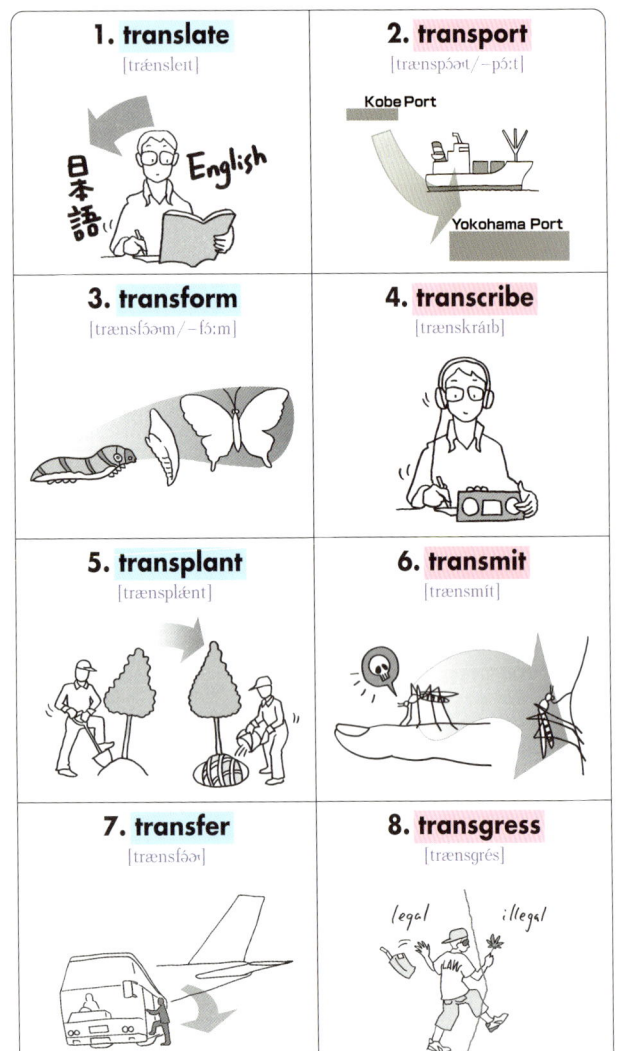

1. **translate** [trænsleɪt]	2. **transport** [trænspɔ́ərt/-pɔ́ːt]
3. **transform** [trænsfɔ́ərm/-fɔ́ːm]	4. **transcribe** [trænskráɪb]
5. **transplant** [trænsplǽnt]	6. **transmit** [trænsmít]
7. **transfer** [trænsfɔ́ɚ]	8. **transgress** [trænsgrés]

★青・赤の色は見やすくするためのもので、特に意味はありません。

最後に trans- ではじまる動詞を覚えて本書は終りです。trans- ではじまる動詞は「**(A から B へ) 隔たりを越えて移動する**」という意味を持っています。

1. **Translate** this into English.	1. これを英語に **翻訳し** なさい。
2. The seeds **are transported** by the wind.	2. 種は風で **遠くへ運ばれる。**
3. The witch **transformed** him into a monster.	3. 魔女は彼を怪物に **変えた。**
4. Clerks **transcribe** everything that is said in court.	4. (法廷の) 書記は法廷で言われたことすべてを **文字にする。**
5. They **transplanted** human genes into mice.	5. 彼らはヒトの遺伝子をネズミに **移植した。**
6. The disease **is transmitted** by rats.	6. その病気はネズミによって **伝染する。**
7. The patient **was transferred** to another hospital.	7. その患者は他の病院に **移された。**
8. They have **transgressed** God's law.	8. 彼らは神の律法を **破った。**

1. **translate**：1つの言語を他の言語に移す、つまり「 **翻訳する** 」という意味になり、そこから人の行為を「 **解釈する** 」という意味も派生しました。
2. **transport**：port は港です。一つの港(場所)から遠くの港(場所)に大量に運ぶこと。船はもちろん、トラックや貨物列車で「 **輸送する** 」ときにもよく使われます。上記の例文では「種が大量に運ばれる」となります。
3. **transform**：ひとつの形から他の形になる、つまり「 **変形する** 」「 **変質する** 」という意味です。form は形の意味です。
4. **transcribe**：たとえば録音した演説を文字にするときに使います。scribe は書くことを意味します。transcribe は「 **書き写す** 」「 **テープをおこす** 」という意味です。
5. **transplant**：plant は植物です。植物をある場所から別の場所に植え替えるときに使います。植物や臓器を「 **移植する** 」と覚えておけばよいです。
6. **transmit**：「ある媒体を介して送る」という意味です。「 **送り届ける** 」「 **伝染させる** 」、無線信号や知識を「 **伝える** 」というように訳せる語です。
7. **transfer**：電車からバスに「 **乗り換える** 」、A高校からB高校に「 **転校する** 」、AチームからBチームに「 **移籍する** 」というように使います。移動するものが人でなく財産なら、財産を「 **譲渡する** 」という意味になります。
8. **transgress**：合法の範囲を逸脱して、非合法の世界へ行ってしまうのが transgress です。「 **違反する** 」「 **罪を犯す** 」という意味です。

索 引

> この本の動詞（基本語・熟語を含む）1072語の索引です。

A

abandon	32, 82
abduct	86
abolish	6
abound	114
absorb	100
abstain	20
abuse	42
accelerate	30
accept	12
accompany	88
accomplish	72
account for	16
accuse	42
ache	90
achieve	10
acknowledge	34
acquaint	28
acquire	14
acquit	44
adapt	8
add	24, 30
adjust	70
admire	12
admit	18
adopt	38
adorn	46
advance	8
advertise	10
advocate	42
affect	36
afflict	90
afford	26
agitate	40
agonize	40
agree	106
aid	62
aim	68
alarm	102
allocate	14
allow	74
alter	12
amaze	70
amend	48
amuse	96
analyze	52
annihilate	48
announce	46
annoy	74
anticipate	48
apologize	40
appeal	20
appear	20
apply	38
appoint	76
appreciate	112
apprehend	12
approach	50
approve	36
argue	34
arouse	70
arrange	30
arrest	56
ascend	84
ask	6
aspire	76
assault	50
assemble	14
assent	12
assert	30
assign	10
assimilate	62
assist	102
associate	30
assume	88
assure	6
astonish	76
attach	18
attack	44, 66
attain	72
attempt	34
attend	6
attract	12
attribute	78
avert	60
avoid	108
award	112

B

ban	36
banish	74
bargain	52
bark	92
bat	92
bear	94
beat	96
beckon	60
beg	68
behave	110
bend	22
besiege	60
bestow	112
bet	68
betray	80
beware	102
bewilder	76
bind	10
bite	94
blame	82
bleed	60
blend	98
bless	84
blind	74
blindfold	56
block	52
blossom	94
blow	20
boast	12
boil	100
bomb	58
book	16
bore	108
borrow	110
bother	22
bow	60

break	50	collapse	86	consult	38
breathe	90	collide	32	consume	100
breed	96	combine	8	contain	62
bribe	34	come to	104	contaminate	62
brighten	68	command	82	contemplate	26
broadcast	102	commit	52	contend	106
broaden	70	communicate	88	continue	6
brood	92	commute	32	contract	90
build	98	compare	98	contradict	108
bully	6	compel	100	contribute	82
bump	20	compensate	40	contrive	100
burn	52	compete	12	control	38
burst	28	compile	8	converse	80
bury	114	complain	110	convey	80
		complete	26	convict	44
		complicate	108	convince	10
C		compose	98	cooperate	108
calculate	14	compound	110	cope	72
call him names	110	comprehend	88	copy	38
cancel	102	comprise	108	correspond	70
captivate	30	compromise	14, 74	corrupt	106
capture	102	compute	14	cough	88
care	74, 78	conceal	64	cover	32, 52
carry out	82	concede	14	crash	100
cast	78	conceive	12	create	12
cause	90	concentrate	22	criticize	56
cease	100	concern	46	cross	62
celebrate	82	conclude	108	cultivate	70
chain	96	condemn	52	cure	90
chant	80	conduct	88	curse	70, 84
charge	34, 52	confer	112		
chase	56	confess	82	**D**	
chatter	106	confine	56	dazzle	98
cheat	6	confirm	50	deal with	86
cheer	76	conform	68	debate	106
cherish	66	confront	106	decay	66
circulate	98	confuse	12	deceive	36
claim	58	congratulate	76	decide	12
clap	112	conquer	60	declare	72
classify	94	consent	32	decline	112
clean	18	consider	38	decrease	64
clear	62	consist of	40	dedicate	88
cling	20	console	78	deepen	42
coax	60	construct	8	defeat	66
coin	110				

defend	44	disapprove	12	duplicate	102
define	8	discard	66	dwell	16
defy	38	discipline	74	dye	6
delay	32	disclose	84		
delete	110	discourage	84	**E**	
delight	72	discover	52	earn	26
deliver	92, 108	discriminate	62	eavesdrop	114
demand	44, 54	disguise	68	edit	78, 110
demonstrate	12	disgust	76	educate	6
deny	54	disillusion	50	elect	42
depart	30	dismay	26	elevate	68
depend	16	dismiss	16, 24	eliminate	48
deport	66	disobey	16	embarrass	76
deposit	24	disorganize	60	embody	10
depress	8	disperse	52	embrace	30
deprive	34	display	100	emerge	54
derive	110	dispute	42	emigrate	60
descend	84	disregard	56	emit	98
describe	36	dissolve	12	emphasize	98
desert	62	dissuade	114	employ	24
deserve	6	distinguish	70	enable	10
design	20, 46	distort	36	enclose	14
desire	18	distress	72	encounter	94
despise	66	distribute	14	encourage	84
destine	86	disturb	22	endanger	94
destroy	50	dive	32	endeavor	68
detach	18	diversify	112	endow	112
detect	100	divert	28	endure	72
deteriorate	62	divide	44	enforce	36
determine	90	divorce	114	engage	112
detest	20	dominate	54	enhance	88
devastate	58	donate	82	enjoy	28
develop	42	doom	86	enlarge	60
devote	94	double	64	enlighten	74
devour	20	doubt	56	enroll	8
die of	90	doze	22	ensure	30
differ	106	draft	36	enter	10
dig	66, 114	drag	88	entertain	30
digest	98	drain	14	entice	12
diminish	64	draw	112	entitle	58
direct	78	dread	10	envy	112
disagree	16	dream	76	equip	10
disappear	86	drive	38, 52	erase	70
disappoint	10	drown	96	erect	22

erupt	98	fall	64	get things straight	12
escape	50	fall over	20	give in	106
establish	42	fascinate	68	glance	20
estimate	36	fast	80	glare	20
evacuate	98	fear	74	glimpse	26
evaluate	112	feed	92	glow	106
evaporate	100	fight	60	govern	66
evolve	94	fill in	18	grab	22
exaggerate	76	find	56	grade	108
exalt	80	fine	38	graduate	8
examine	94	fire	24	grant	76
exceed	32	fit	8	grasp	8
excel	46	fix	72	greet	18
excite	22	flatter	70	grin	20
exclaim	80	flee	58	grind	100
exclude	24, 68	fling	56	groan	48
execute	34, 46	flourish	72	growl	92
exert	40	flow	60	guarantee	58
exhale	104	flutter	96	guess	38
exhaust	32	focus on	72	guide	26
exhibit	112	follow	82, 110	**H**	
exile	40	fool	52		
exist	52, 66	forbid	38	halve	64
expand	98	force	82	hand	14
expel	60	foresee	10	handle	78
experience	80	foretell	86	hang	28
expire	10	forgive	30	happen to do	8
explain	98	form	58	harm	46
explode	100	found	6	hasten	20
exploit	66	free	40	hatch	92
explore	78	freeze	100, 104	hate	70
export	64	frighten	42	haunt	82
expose	62	frown	72	head	74
express	20	frustrate	68	heal	90
extend	68	fulfill	50	hesitate	106
exterminate	14	function	102	hide	84
extinguish	28	furnish	26	hinder	96
F		**G**		hire	24
				howl	92
face	106	gain	104	humiliate	74
fade	94	gather	14	hurt	106
fail	114	gaze	92	**I**	
faint	76, 104	generate	100		
fake	34	get rid of	90	identify	54

121

ignore	28	interest	12	lessen	90
ill-treat	34	interfere	22	liberate	56
illuminate	26	interpret	108	lie	18
illustrate	108	interrupt	108	lie	36
imagine	48	intervene	106	light	26
imitate	114	interview	10	limit	40
immigrate	62	intimidate	42	linger	28
impair	88	introduce	44	litter	18
implement	54	invade	58	load	54
implore	40	invent	12, 114	lobby	42
imply	50	invest	48	locate	34
import	64	investigate	52	lock	52
impose	48	invite	70	look into	56
impress	82	involve	54	loosen	44
imprison	40	irritate	108	lose	44, 104
improve	74	isolate	26	lower	64
incline	30	issue	32	lure	86

J

M

include	24, 40	jeopardize	60	maintain	56
increase	64	join	24	major	8
indicate	112	justify	36	(be) made up of	14
induce	88			make light of ...	60
infect	90			make sure	18

K

inflict	36	kick out (of..)	6	manage	12
influence	106	kidnap	54	manifest	50
inform	46	kindle	28	manufacture	14
infringe	38	kneel	82	marry	114
inhabit	94	knit	112	materialize	98
inhale	104			matter	78
inherit	66			mean	54

L

initiate	80			meditate	80
injure	88			melt	104
inquire	102	labor	72	memorize	8
insert	110	lack	114	mention	56
insist	58	lament	16	migrate	96
inspect	54	land	104	minimize	72
inspire	76	last	92	misjudge	78
install	104	launch	14	mislead	40
institute	48	lay	92	mistreat	78
instruct	50	lay off	12	misunderstand	30
insult	106	leak	62, 102	mix	100
insure	38	lean	30	mock	30
integrate	24, 42	leap	70	moderate	46
intend	22	leave	24		
intensify	42	lend	22		

modify	110	overthrow	46	practice	30, 84
monopolize	48	overturn	38	praise	82
motivate	74	overwhelm	60	pray	80
mourn	52	owe	22	preach	84
multiply	64	own	16	precede	110
murder	50			predict	98
murmur	70	**P**		prefer	26
mutter	86	panic	78	preoccupy	28
		pant	92	prepare	96
N		pardon	40	prescribe	90
navigate	32	part	78	preserve	94
neglect	18	participate	88	presume	54
negotiate	38	pass	46	pretend	68
nod	30	pass away	66	prevail	102
note	108	pass through	100	prevent	88
notice	54	pat	96	probe	78
nourish	68	penetrate	100	proceed	34
		perceive	50	process	102
O		perform	92	proclaim	34
obey	6	perish	66	produce	112
object	68	permit	78	profess	80
oblige	68	perplex	102	profit	96
observe	34	persecute	42	prohibit	102
obsess	18	persevere	74	prolong	88
obtain	100	persist	106	promote	16, 58
occupy	58	persuade	114	prompt	96
occur	70	pick	96	pronounce	90, 110
offend	106	pierce	90	propagate	40
offer	38	pitch	28	prophesy	86
omit	110	plant	94	propose	10
operate	90	plead	80	prosper	46
oppose	108	please	76	protect	56
oppress	88	pledge	42	protest	6, 34
orbit	98	plot	40	prove	66
order	32	plunge	86	provide	46
organize	54	point	34, 54	provoke	28
originate	10	poison	52	publicize	78
overcome	72	polish	26	publish	62
overestimate	16	pollute	48	puff	26
overflow	40	ponder	26	punch	28
overhear	114	portray	78	punish	6
overlook	28	possess	54, 82	purchase	16
overrule	34	postpone	32	purr	92
overtake	48	pour	88	pursue	80

Q

qualify	8
quarrel	28
quest	42
question	56
quit	16
quote	108

R

race	92
radiate	30
raise	64
range	48
reach	106
react	110
realize	86
reap	84
reassure	74
rebel	42
rebuild	58
recall	92
receive	50
reckon	58
recognize	108
recollect	28
recommend	68
reconcile	30
recover	32
recruit	16
recur	74
redistribute	102
reduce	46
refer to	30
refine	98
reflect	80
reform	6
refrain	36
refresh	28
refuse	18
regard	22
register	102
regret	28
regulate	38
reign	40
reinforce	102
reject	10
rejoice	82
relate	6
relax	18
release	34
relieve	54
rely on	40
remain	36
remark	108
remember	28
remind	18
remove	104
render	108
renew	10
renounce	58
repair	22
repay	22
repeal	36
repeat	76
repent	84
replace	110
reply	26
represent	40
reproach	22
require	38
rescue	62
resemble	18
resent	70
reserve	16
resign	42
resist	80
resolve	78
resort	36
respect	22
respond	58
rest	18
restore	58
restrain	72
restrict	38
retain	110
rethink	100
retire	16
retreat	66
retrieve	92
reveal	64
revenge	52
reverse	70
review	8
revise	6
revive	66
reward	68
ridicule	80
riot	48
rise	64
roam	86
roar	100
rob	50
root	94
ruin	48
rule	46
run	16
run for	42

S

sacrifice	82
salute	60
satisfy	112
save	82
scare	94
scatter	80
scold	20
scorn	28
scratch	94
scream	32
scrutinize	54
search	46
secure	58
seek	34
segregate	24
seize	46
select	10
send	18
sense	10
sentence	34
separate	98
serve	6

settle	106	stabilize	48	survey	66
sew	112	startle	32	survive	26
shake	20	starve	62	suspect	54
share	78	state	40	suspend	6
shed	88	steal	18	sustain	112
shelter	50	steer	58, 86	swallow	90
shift	32	stem from	70	swear	50
ship	14	stick	28	swell	88
shiver	102	stimulate	46, 48	swing	72
shock	102	sting	94	switch	32
shoot	54	stir	38	symbolize	86
shriek	94	strain	50	sympathize	32
shudder	86	strengthen	104		
sigh	108	stretch	22	T	
simplify	6	stride	20	take effect	36
sin	84	strike	26	take measure	58
sink	32	strip	60	take off	104
sit back	80	strive	48	take office	46
skin	96	stroke	92	tame	92
skip	26	stroll	94	target	66
slam	20	struggle	72	taste	96
slap	110	subdue	76	tear	78
slaughter	66	submit	18	tease	70
smoke	36	subscribe	62	tempt	82
smuggle	56	substitute	8	tend	76, 110
snap	22	subtract	24	terrify	54, 62
snatch	50	succeed	66, 114	testify	34
sneak	20	succumb	60	threaten	42
soar	112	suck	86	thrill	22
sob	18	sue	16, 36	thrive	58
solve	78	suffer	72	thrust	102
soothe	90	suffocate	52	tie	96
sow	84	suggest	108	tighten	44
spare	50	suit	68	toil	72
specialize	14	summarize	8	tolerate	106
speculate	76	summon	86	torment	56
spill	98	supply	44, 62	torture	60
spin	32	support	46	touch	96
split	14	suppose	8	trace	56
spoil	48	suppress	74	trade	48
spot	98	surpass	48	trail	96
spread	62	surprise	98	train	92
squeeze	96	surrender	58	transcribe	116
stab	74	surround	38	transfer	116

transform	116	**W**		withstand	74	
transgress	116			witness	56	
translate	116	wag	96	wonder	16	
transmit	116	wail	90	work	90	
transplant	116	wander	94	worry	26	
transport	116	warn	56	worsen	62	
trap	62	waste	100	worship	82	
treat	36	watch	110	wound	90	
tremble	102	weaken	104	wreck	10	
trim	94	weave	112	**Y**		
trip	20	weep	80			
triple	16	weigh	72	yawn	22	
triumph	74	whisper	30	yearn	76	
trust	26	whistle	86	yell	72	
try	34	widen	70	yelp	96	
turn in	50	win	44	yield	80	
twist	88	withdraw	24, 44, 60			
type	14	wither	92			

U

undergo	68
undermine	74
undertake	16
undo	70
unify	42
unite	44
untie	56
update	8
upset	52
urge	14
utter	76

V

vanish	86
vary	106
verify	8
veto	36
victimize	68
violate	76
visualize	86
volunteer	82
vomit	88
vote	46
vow	52

英単語レボリューションの例文や例句のための参考文献は膨大な量になり、参考文献を書くことは「引用句辞典」等の例にならい、一部を除き割愛する。以下の文献は、本シリーズ作成にあたり、特に役立ったものである。

雑誌：*TIME, U.S.NEWS, Readers Digest*
辞典：新編英和活用大辞典、研究社、1995
英語語源辞典、研究社、1997
ジーニアス英和大辞典、大修館、2001
リーダーズ英和辞典、研究社、1984
政村秀實、英語語義イメージ辞典、大修館、2002
Oxford Collocations Dictionary, Oxford, 2002
J.I. Rodale, *The Word Finder*, Meirin Shuppan, 1984
Longman Language Activator, Longman, 1993
Cambridge International Dictionary of English, Cambridge, 1995
Concise Oxford Thesaurus, Oxford, 2002
Oxford Advanced Learner's Dictionary, Oxford, 2000

著者プロフィール

1978 年　桐蔭学園高等学校卒
1980 年　松本亨高等英語専門学校昼間部卒
1984 年　明治学院大学文学部英文科卒
1984 年〜現在　女子学院中学高等学校英語科教諭
1989 〜 1990 年　アメリカ ケンタッキー州にあるアズベリー大学
　　　　　　　およびアズベリー神学大学院へ留学
　　　　　　　宮岸羽合はペンネーム。

英単語レボリューション（Book 1）　*Classic*

2010 年 5 月 31 日　1 刷

編著者	**宮岸 羽合**（はごう）
	© Hago Miyagishi 2010
発行者	**南 雲 一 範**
発行所	株式会社 **南 雲 堂**
	〒 162-0081　東京都新宿区山吹町 361
	電話　（03）3268-2384（営業部）
	（03）3268-2387（編集部）
	FAX　（03）3260-5425（営業部）
	振替講座　00160-0-46863
印刷所	**日本ハイコム株式会社**
製本所	松村製本所

Printed in Japan　　　　　　　　　　〈1-487〉

乱丁・落丁本はご面倒ですが小社通販係宛ご送付下さい。送料小社負担にてお取替えいたします。

本書の内容の一部または全部を著作権者の許可なしに複製することは、著作権法上認められている場合を除き、禁じられています。

ISBN978-4-523-26487-3　　C0082

英単語レボリューション

英単語レボリューションは難解な英単語を、本質をおさえて理解し、
覚えやすさと質を追求した新タイプの英単語集。
ネイティブスピーカー絶賛の本書で真の英語力を身につける。
この薄さ、この内容、この覚えやすさ。
ホンモノの満足をあなたにも。

Classic

動詞を3拍子で覚える、ペアで覚える。56日で1,066語の動詞を快適に覚える。
「動詞を制する者は英語を制す」をモットーに、英語の神髄を極める。

Renaissance I・II

Classic の動詞をすべて復習しながら、単語の組み合わせ（コロケーション）で名詞も覚える。動詞はグループ化され、核になる意味を理解する。これで覚えれば鬼に金棒。I・II巻あわせて動詞1,066語、名詞1,945語を120日でマスターできる。

Modern

Renaissance の名詞を復習（重複率99.9%）しながら、形容詞や副詞を覚える。用例の質のよさは一目瞭然。その秘密は、本格的なネイティブチェックに加え、Google™*の検索機能を利用して、コロケーションを厳選したところにある。コロケーションでありながら1万以上のヒット率97%、百万ヒット率が約24%**という驚異のデータからもわかる。1日1ページなら名詞1,945語と形容詞・副詞1,285語を106日で学習可。

Classic から Modern までマスターすれば、復習をしながら英語語彙（4,296語）をすべて用例つきで身につけることができる。お急ぎの方は Classic と Modern の2冊だけでも、あるいは Renaissance I・II巻と Modern の3冊を覚えても、本シリーズの語彙の99.9%をカバーできる。

* Google は Google Inc.の登録商標です。** 2007年調べ